日本映画の大衆的想像力

《幕末》と《股旅》の相関史

羽鳥　隆英

―目次―

〈カバー写真〉

映画『一殺多生剣』（市川右太衛門主演、一九二九年）

※早稲田大学演劇博物館蔵

資料番号（表）J30-14719（裏）J30-14725

序章　二組の母子の絆

長谷川伸『瞼の母』と『相楽総三とその同志』

流れ者の博徒が江戸の歓楽街・柳橋の料亭「水熊」の女将に問い掛ける。すでに博徒は息詰まる対話を通じ、眼前の女将が幼時に生き別れ、漂泊の旅路に慕い続けた実母と確信したが、期待に反し、女将は博徒の出現を料亭の財産狙いと非難する。

忠太郎　這い込み。そうか、あっしを銭貰いだと思うのでござんすか。

おはま　それでなくて何だい。

［…］

忠太郎　違う違う違います。銭金づくで名乗って来たのじゃござんせん。シガねえ姿はしていても、忠太郎は不自由はしてねえのでござんす。（胴巻を出し百両を前に）顔も知らねえ母親に、縁があって邂逅って、ゆたかに暮していればいいが、もしひょッと貧乏に苦しんででも居るのだったら、手土産代りと心がけて、何があっても手を付けず、この百両は永えこと、抱いてぬくめて来たのでござんす。見れば立派な大所帯、使っている人の数も夥しい料理茶屋の女主人におッかさんはなってるのかと、さっきからあッしは安心していたが、金が溜っているだけに、何かにつけて用心深く、現在の子を捉まえても疑ってみる気になりてえのか、おッかさんそりゃあ怨みだ、あッしは怨みますよ。

おはま　怨むのは此方の方だ。娘をたよりに楽しみに、毎日々々面白く、暮している処へひょッくりと、飛んでもない男が出て来て、死んだ筈の忠太郎が生きていますと。お前、家の中へ波風を立てに来たんだ。

忠太郎　そ、そりゃ非道いやおッかさん。

おはま　また、おッかさんなんて云うのか。

忠太郎　おッかさんに違えねえのでござんす。

おはま　お前の心はわかっているよ。忠太郎と名乗って出て、お登世へ譲る水熊の身代に眼をつけて、半分貰う魂

忠太郎　胆なんだ。
おはま　ええッ。
忠太郎　世間の表も裏も、さんざん見て来たあたしに、そのくらいの事が判らないでどうするものか。
おはま　（咽び泣く）
忠太郎　（じッと忠太郎を瞶める）
おはま　（涙を拭うと決然と態度が一変する）おかみさん。もう一度更めて念を押しますでござんす。江州番場宿の忠太郎という者に憶えはねえんでござんすね。おかみさんの生みの子の忠太郎はあッしじゃねえと仰有るのでござんすね。
忠太郎　そう――そうだよ。あたしにゃ男の子があったけれど、もう死んだと聞いているし、この心の中でも永い間死んだと思って来たのだから、今更、その子が生き返って来ても嬉しいとは思えないんだよ。
おはま　別れて永え永え年月を、別ッ個に暮してくると、こんなにまで双方の心に開きが出来るものか。親の心子知らずとは、よく人がいう奴だが、俺にゃその諺が逆様で、これ程慕う子の心が、親の心には通じねえのだ。
忠太郎　忠太郎さん。
おはま　何でござんす。
忠太郎　もしあたしが母親だといったら、お前さんどうおしだ。
おはま　それを聞いてどうするんでござんす。あっしには判っている。おかみさんは今穏かに暮しているのが楽しいのだ。その穏かさ楽しさに、水も油も差して貰いたくねえ――そうなんだ判ってらあ。小三十年も前のことあ、とうに忘れた夢なんだろう。（立去る気になり）親といい、子というものは、こんな風でいいものか。
忠太郎　（百両を役に立たぬ物として扱い、懐中する）

［…］

おはま　それ程よく得心しているのなら、強って親子といわないで、早く帰っておくれでないか。

忠太郎　近い者ほど可愛くて、遠く放れりゃ疎くなるのが人情なのか。

おはま　だれにしても女親は我が子を思わずにいるものかね。だがねえ、我が子にもよりけりだ――忠太郎さん、お前さんも親を尋ねるのなら、何故堅気になっていないのだえ。

忠太郎　おかみさん。そのお指図は辞退すらあ。親に放れた小僧ッ子がグレたを叱るは少し無理。堅気になるのは遅蒔きでござんす。ヤクザ渡世の古沼へ足も脛まで突ッ込んで、洗ったってもう落ちッこねえ旅にん癖がついてしまって、何の今更堅気になれよう。よし、堅気で辛抱したとて、喜んでくれる人でもあることか裸一貫たった一人じゃござんせんか。ハハハハ。儘よ。身の置きどころは六十余州の、どこといって決まりのねえ空の下を飛んで歩く旅にんに逆戻り、股旅草鞋を直ぐにも穿こうか。[…]

おはま　忠太郎さんお待ち。

忠太郎　（耳にも入れず、廊下へ出て）おかみさんにゃ娘さんがあるらしいが、一と目逢いてえ――それも愚痴か。自分ばかりが勝手次第に、ああかこうかと夢をかいて、母や妹を恋しがっても、そっちとこっちは立つ瀬が別ッ個――考えてみりゃあ俺も馬鹿よ、幼い時に別れた生みの母は、こう瞼の上下ぴッたり合せ、思い出しゃあ絵で描くように見えてたものをわざわざ骨を折って消してしまった。おかみさんご免なさんせ。

（障子を閉る）

おはま　あ。（呼びかけて思い直す）[1]

孝心篤い少年が母親に問い掛ける。少年の父親は家財をすり減らした挙句、すでに鬼籍に入り、少年が宮内省の給仕を務めるものの、母子家庭は貧苦の只中にある。

或る日、仏壇の掃除をしていると、妙なものが出てきた。包紙をのぞいて見ると、硬ばった一握りの髪の毛である。ひと目でそれが男の髻であると判った。硬ばっているのは血が古くなっているのである。亀太郎はどうしてこういうものが仏壇の中に安置されているのか、不審に思って訳を母に質すと、母は厳粛にその由来を語った。

「お前の祖父は小島四郎将満といった人で、変名を相楽総三といい、若いときに既に学者になっていて、二十四、五歳のとき、門人が二百人もあった。酒井様という旗本が三百石で抱えたいといって来たが、お前の祖父は千石ならばいざ知らず、といって一言のもとに断った。そのころ浪人は三百石はさてとして十石で抱えようというようなことも滅多にあることではなかった。

それから間もなく芝の薩摩屋敷へはいり、五、六百人の部下が出来て、その大将になり、江戸城を攻めて徳川将軍を亡ぼし、天朝の御代にかえし奉ろうとしていたのが発覚し、幕府の兵三千人に囲まれて戦争になった。幕軍の射った大砲で、火薬庫をやられ、火事になったので、漸く一方の囲を破って逃げ、一行五、六十人で品川から薩州の軍艦で京都へのぼり、西郷吉之助などに会い、今度は官軍赤報隊を編成し、隊長となって、江戸の徳川を攻めに出発し、信州へ出たところ、他の隊長が讒言をしたために明治元年三月三日、雪の降る日、信州下諏訪という処で、賊をはたらいた偽勅使という汚名を着せられて殺された。この髻はその祖父ので、血は祖父の怨みの血だ。祖父が立派に官軍であったという証拠はそのとき奸者の手で焼きすてられたから残っていない。赤報隊の主なる人は祖父と同時に殺されてしまった。祖父をそういう目にあわしたものの一人は香川敬三と今いっている人で、香川はわたし達には怨み深いものだが、当今では高位高官で、宮内省のえらい人になっているから、お前がもしも相楽総三の孫だと知れたら、どんなことになろうか知れないから、心をつけて、覚られぬようしなくてはいけない、幸い家の姓は小島ではなく木村と変っているから、黙っていれば覚られることは決してない、必ず香川に覚られるな」

と、こういう、亀太郎には初耳の驚くべき話だった。それにしても祖父相楽総三こと小島四郎の讐ともいうべき人が、正二位勲一等の香川敬三伯爵で、今の今まで、宮内省の廊下で出会えば二、三歩退いて敬礼していた、あの矮躯短小の老人が、そうだったかと知って、亀太郎は涙を禁めかねた。口惜しくも情けないのである。[2]

『瞼の母』（東京・明治座、一九三一年）と『相楽総三とその同志』（『大衆文藝』、一九四〇年‐四一年）が描く二組の母子の対話には、興味深い共通点が認められる。第一には、両者がともに長谷川伸（一八八四年‐一九六三年）の手に編まれた点である。周知の通り、近代日本の大衆文学史上の巨人長谷川は、劇作・小説・随筆に健筆を揮いつつ、文学界・演劇界・映画界を中心に、親炙と私淑とを問わず、無数の後進を育成した作家である。[3] 注目すべきは、長谷川の多岐にわたる作家的経歴を振り返るとき、あたかも正確な楕円のように、特筆すべき二つの焦点が認められる事実である。第一に、演劇人長谷川伸は、江戸後期から明治維新（一八六八年前後）までの博徒や無法者を描く股旅物を創造した。前掲『瞼の母』は、演劇人長谷川の股旅物の代表作である。第二に、文学人長谷川伸は、近世・近代の歴史に取材した史伝小説を数多く世に送り出した。幕末＝明治維新、すなわち近世から近代への過渡期に時間設定された幕末物は、基本的には近世の仇討事件の顛末を綴る仇討物と同様、特に重要な位置を占める。幕末＝明治維新の裏面史を真摯に掘り起した前掲『相楽総三とその同志』は、文学人長谷川の代表作である。

第二の共通点は、二編のテクストがそれぞれに幕末＝明治維新と関連する事実である。『相楽総三とその同志』は幕末＝明治維新の裏面史に取材した幕末物である。一方、股旅物『瞼の母』もまた、幕末＝明治維新を間近に控えた「嘉永元［一八四八］年の春」から始まる（序幕）。[4] 前掲の母子の対話が戦わされる大詰は、翌「嘉永二［一八四九］年の秋やや深き頃」の時間設定である。[5] 博徒番場の忠太郎と母親おはまの束の間の邂逅は、一般的に幕末＝明治維新の序幕と見なされる嘉永六（一八五三）年の黒船来航のわずかに四年前の出来事なのである。付言すれば、こうした時間設定に対し、長谷川自身も自覚的であるのは、『瞼の母』と並ぶ股旅物の代表作『雪の渡り鳥』（東京・新歌舞伎座、一九三一年）冒頭のト書にも明白である。

天保九［一八三八］年と、その四年後の物語［…］。下田は韮山の江川太郎左衛門が代官支配する地で、周囲には小田原の大久保、沼津の水野、掛川の太田など諸藩の所領があった。下田へ露国のプチャーチンが来たのは、この一篇の時代を距る十余年の後であり、米国のハルリスが下田上陸をしたのは、それから更に三年の後である。[6]

実際、長谷川の股旅物には、幕末＝明治維新の渦中に身を投じた博徒を描く、幕末物との混淆例も散見される。劇作では『母親人形』（東京・第一劇場、一九三五年）、小説では連作『股旅新八景』の第四編『小枕の伝八』（『富士』、一九三五年）が好例である。[7]

第三の共通点は、二組の母子の対話に「怨み」の一語が含まれる点である。股旅物『瞼の母』の場合、自身を息子と認知しない料亭の女将に向けた博徒の恨み――「おッかさんそりゃあ怨みだ、あッしは怨みますよ」――に加え、新しく築いた家庭を破壊しかねない博徒の突然の出現に対する女将の恨み――「怨むのは此方の方だ」――が問題化し、幕末物『相楽総三とその同志』の場合、冤罪に処刑された倒幕派の志士を巡る恨み――「血は祖父の怨みの血だ」「香川はわたし達には怨み深いものだ」――が問題化する。大衆文学の巨人の作家的世界が形成する楕円の二焦点は、近代日本の起点である幕末＝明治維新に関連し、それぞれの焦点に交わされる母子の言葉は身近な血縁、『瞼の母』では母子それぞれ、『相楽総三とその同志』では息子の祖父の恨みに関連するのである。

こうした興味深い符合を起点に、映画学の専門書である本書は、それゆえ日本映画史に守備範囲を設定しつつ、演劇・文学などの隣接諸芸術にも折々に視野を拡張し、《幕末》と《股旅》の相関性を学術的に考察する。映画を中心に据えた本書の戦略は的確である。近代日本、特に二〇世紀前半に大衆文化の王座を占めたのは映画であり、幕末＝明治維新を描く幕末映画と、江戸後期から明治維新までの博徒や無法者を描く股旅映画は、映画の製作・配給・興行を大資本の映画会社が垂直的に支配するスタジオ・システムが量産した主要な商品であり、同時に進取の気象に富む気鋭の映画作家に対し、様々な芸術的霊感を与え続けたからである。幕末映画と股旅映画の相関性が見極められれば、近代日本の文化的核心も見極められるのである。

日本映画史の先行言説には、若干とは言え、幕末映画と股旅映画の関係を巡る問題提起的な指摘も認められる。古典的評論『長谷川伸論』から引用しよう。

一九二〇年代の末、安定した保守思想［…］が衰退したあとに爆発的にはじまった尊皇ものと股旅ものの流行は、前者が保守思想のラジカルなイデオロギー化、すなわち故郷を喪失した民衆の不安をファシズムが吸収してゆく傾向を示し、後者は、そのイデオロギー化によってはすくいあげられなかった部分、すなわち、故郷を失った民衆にとって一人の女を仕合わせにするということが改めてどんな大事業として意識されはじめたかということを示しているのかもしれない。[8]

とは言え、本書の第一章に見る通り、「一九二〇年代の末［…］爆発的」な人気を博したのは「尊皇もの」、すなわち天皇を戴く倒幕派の視座に立ち、徳川幕府を支持する佐幕派を悪の枢軸と見なした幕末＝明治維新表象とは言い難く、実際は倒幕派と佐幕派の双方に同等の同情を示した作例が規範的である。本書は、幕末映画と股旅映画の関係を巡る先達の問題提起に対し、学術的誠意とともに応じる試みである。

本書は基本的に時系列に沿いつつ、幕末映画と股旅映画の相関史に光を投じる。第一章「恨みは長し六〇年　昭和初年の幕末映画を巡るメロドラマ的想像力」は、明治維新六〇周年である昭和三（一九二八）年前後、まさに「爆発的」人気を得た幕末映画に着目し、欧米の映画学先進国に蓄積されたメロドラマ論の成果を援用しつつ、多角的に考察する。ここに言うメロドラマとは、近代社会を生きるための心得を大衆に教授するイデオロギー装置を指す。[9]明治維新以来、近代化に邁進した国民国家日本が、一九三一年からの一五年戦争になだれ込む直前の昭和初年、近代日本の起点である幕末＝明治維新は銀幕に如何に表象されたのか。当時の日本社会に生活する大衆は、銀幕の幕末＝明治維新表象と如何なる関係を取り結んだのか。昭和初年の日本社会は如何なる幕末映画を上映（project）し、昭和初年の幕末映画には如何なる日本社会が投影（project）されたのか。こうした問題を第一章に考察する。

なお、第一章が導入したメロドラマ論は、同時に本書全体を方向づける。「メロドラマは犠牲者＝主人公および彼らの美徳を評価することに注意を集中する。美徳の評価は道徳を巡る識別の平易さ――これはメロドラマの機能の鍵である――をもたらす。[…] 美徳は苦難を通じてのみ評価され得る」[10]。股旅物『瞼の母』の、自身を息子とは認知しない料亭の女将に対する博徒の恨み、並びに博徒の恨みとは正面衝突せざるを得ない、新しく築いた家庭を破壊しかねない博徒の出現に対する女将の恨み、あるいは幕末物『相楽総三とその同志』の、冤罪に刑死した倒幕派の志士を巡る恨みなど、苦難に晒された美徳――生き別れの母親への思慕も、新たな家庭の平穏への願いも、倒幕を通じた新国家建設への理想も、各人の本来的な善性の指標である――を学術的に汲み上げるには、メロドラマ論が最良の道案内を務める。

第二章「生れ故郷の『沓掛小唄』股旅映画の誕生と一九二九年の日本映画史」では、日本映画史上の最初の股旅映画と呼び得る、長谷川伸原作『沓掛時次郎』（辻吉朗監督、一九二九年）に対し、時代劇／現代劇間の境界線の動態性に注意を払いつつ、新たな光を投じる。第一章に分析する幕末映画は、日本の前近代／近代の境界である幕末＝明治維新を物語化し、それゆえ昭和初年当時の《現在》に最も身近な――実際、昭和初年から見た六〇年前の幕末＝明治維新は、本書が書かれつつある《現在》から見た七〇年前の一五年戦争の敗戦よりも新しい――時間設定の時代劇である。第二章の企図は、一見、こうした境界性とは無縁に思われる股旅映画『沓掛時次郎』が、実際には、やはり昭和初年当時の《現在》に最も身近な時代劇と理解され、現存する映画的テクストの表層にも、時代劇／現代劇間の境界性が読み取れる事実を立証する点にある。昭和初年の幕末映画と股旅映画の相次ぐ人気の確立を「安定した保守思想」の疲弊との因果関係など、大雑把な議論には還元せず、日本映画史に固有の二大類型である時代劇／現代劇の歴史性に即しつつ、日本映画史の視座から分析する点に、第二章の独自性を自負し得る。

なお、前述の通り、欧米の映画学先進国が蓄積したメロドラマ論は、本書全体を方法論的に方向づけるが、第二章は同時に、メロドラマ論の日本映画史への安易な応用に対する自省の役割も担う。実際、『沓掛時次郎』は典型的にメロドラマ的な主題である異性愛の成就と家族的紐帯の（再）構築を追求するため、本作のメロドラマ性を指摘するのは容易である。とは言え、メロドラマ論が最良の成果に至るには、近代社会に一般的に流通するメロドラマ的想像力が個別の歴史的状況、『沓掛時次郎』の場合には昭和初年の日本社会から如何なる屈折を蒙り、結果的に如何なる発露を見せたかを検討しなければならない。第二章は、こうしたメロドラマ論自体を巡る問題意識――すでに学術的に定着した「メロドラマ的想像力」を避け、より上位の概念「大衆的想像力」を書名に使用したのは、こうした問題意識のためである――を特に尖鋭化し、メロドラマ論的な視座から書かれた先行言説では言い漏らされた、股旅映画と日本映画史の個別的状況との関連を探る試みである[11]。

第三章「箱詰された孤独　稲垣浩と一五年戦争下の幕末映画の時間構造」では、一五年戦争下の幕末＝明治維新表象に焦点を絞り、映画作家稲垣浩の経歴に沿いつつ考察する。第一章に見る昭和初年の幕末映画が、井伊直弼や坂本龍馬などの主人公がカメラ＝観客を見詰める瞬間を導入し、主人公に公開当時の《現在》の観客とのアイ・コンタクトを試みさせるとともに、物語の結尾にも明治維新以後の《現在》の場面を配置した一方、一五年戦争下の幕末映画は《現在》との関係を曖昧化する方向に展開する。こうした変化の日本映画史上の位置づけを、再びメロドラマ論の成果に依拠しつつ、第三章に仔細に分析する。

第四章「運命《線》上に踊る女と男　マキノ雅弘『いれずみ半太郎』分析」では、世界映画史的にも独自の映画術の所有者である映画作家マキノ雅弘の監督した、長谷川伸原作の股旅映画『いれずみ半太郎』（一九六三年）をテクスト分析の俎上に載せる。第二章に見る通り、股旅映画は日本映画史に固有の二大類型である時代劇／現代劇間の境界線上に成立したのであるが、こうした二分法、すなわち明治維新以前を描く時代劇と、常時更新される《現在》を描く現代劇との二重基準の二分法は、一九二〇年代から六〇年代までの古典期日本映画の歴史的産物であり、それゆえ動態的である。実際、『いれずみ半太郎』公開の一九六三年には、事後的に東映任侠映画の嚆矢とも目される『人生劇場・飛車角』（沢島忠監督）も公開され、時代劇／現代劇の古典期的二分法の狭間に長らく宙吊りされた――日本映画初期、旧派映画の対概念である新派映画に時間設定を提供したものの、古典期へと移行した昭和初年以後、溝口健二監督『瀧の白糸』（一九三三年）や『残菊物語』（一九三九年）などの《明治物》の時間設定に周縁化された――明治・大正期が再び脚光を浴びると同時に、日本映画界にはスタジオ・システムの不可逆的な動揺が兆し、古典期は終わりの始まりを迎える。昭和初年、古典期的二分法の境界線上に生を享けた股旅映画は、古典期が臨界点に接近する一九六三年、マキノ雅弘の作家的個性と遭遇し、如何なるテクスト的達成を遂げたのか。

最終章である第五章「進行相の結論　山田洋次の海坂藩三部作と幕末映画の二一世紀」の関心は、本論が書かれつつある《現在》に向けられる。二〇世紀末から《現在》に至るまで、質量ともに古典期とは比較し得ないまでも、時代劇が継続的に製作・公開されつつあるが、特に興味を惹かれるのは、幕末＝明治維新に時間設定された映画の比重である。とは言え、こうした作例は幕末映画と呼び得るのか。むしろ昭和初年以来、日本映画史に独自の位置を占める幕末映画の延命の不可能性を逆照射しまいか。第五章では、映画作家山田洋次が手掛けた三部作『たそがれ清兵衛』（二〇〇二年）、『隠し剣鬼の爪』（二〇〇四年）、『武士の一分』（二〇〇六年）を主要な素材に、この問題を検討する。

註

1　長谷川伸『瞼の母』『長谷川伸全集』第一五巻（朝日新聞社、一九七一年）、二一五頁‐二一九頁。

2　長谷川伸『相楽総三とその同志』『長谷川伸全集』第七巻（朝日新聞社、一九七一年）、一四頁‐一六頁。

3　長谷川伸の作家的世界を巡る先行言説には、佐藤忠男『長谷川伸論　義理人情とは何か』（岩波書店、二〇〇四年）、山折哲雄『義理と人情　長谷川伸と日本人の心』（新潮社、二〇一一年）、平岡正明『長谷川伸はこう読め！メリケン波止場の沓掛時次郎』（彩流社、二〇一一年）などを挙げ得る。

4 長谷川伸『瞼の母』『長谷川伸全集』第一五巻（朝日新聞社、一九七一年）、八頁。

5 長谷川伸『瞼の母』『長谷川伸全集』第一五巻（朝日新聞社、一九七一年）、一九頁。

6 長谷川伸『雪の渡り鳥』『長谷川伸全集』第一六巻（朝日新聞社、一九七二年）、三五頁。

7 長谷川伸『母親人形』『長谷川伸全集』第一五巻（朝日新聞社、一九七一年）、四九九頁 - 五二八頁；長谷川伸『小枕の伝八』『長谷川伸全集』第三巻（朝日新聞社、一九七一年）、七四頁 - 九五頁。

8 佐藤忠男『長谷川伸論　義理人情とは何か』（岩波書店、二〇〇四年）、一四八頁。

9 本書に示唆を与えたメロドラマ論の主要な先行研究は、Jacky Bratton, Jim Cook, and Christine Gledhill, eds., *Melodrama: Stage, Picture, Screen*（London: British Film Institute, 1994）；Peter Brooks, *The Melodramatic Imagination: Balzac, Henry James, Melodrama, and the Mode of Excess*（New Haven: Yale UP, 1995）；Wimal Dissanayake, ed., *Melodrama and Asian Cinema*（Cambridge: Cambridge UP, 1993）；Jane Gaines, ed., *Classical Hollywood Narrative: The Paradigm Wars*（Durham: Duke UP, 1992）；Christine Gledhill, ed., *Home Is Where the Heart Is: Studies in Melodrama and the Woman's Film*（London: British Film Institute, 1987）；Michael Hays and Anastasia Nikolopoulou, eds., *Melodrama: The Cultural Emergence of a Genre*（New York: St. Martin's Press, 1996）；Ken K. Ito, *An Age of Melodrama: Family, Gender, and Social Hierarchy in the Turn-of-the-Century Japanese Novel*（Stanford: Stanford UP, 2008）；Barbara Klinger, *Melodrama and Meaning: History, Culture, and the Films of Douglas Sirk*（Bloomington: Indiana UP, 1994）；Marcia Landy, ed., *Imitations of Life: A Reader on Film & Television Melodrama*（Detroit: Wayne State UP, 1991）；John Mercer and Martin Shingler, eds., *Melodrama: Genre, Style, Sensibility*（London: Wallflower Press, 2004）；Ben Singer, *Melodrama and Modernity: Early Sensational Cinema and Its Contexts*（New York: Columbia UP, 2001）；Linda Williams, *Playing the Race Card: Melodramas of Black and White from Uncle Tom to O. J. Simpson*（Princeton: Princeton UP, 2001）などの英語文献、加藤幹郎『映画のメロドラマ的想像力』（フィルムアート社、一九八八年）；加藤幹郎『映画の領分　映像と音響のポイエーシス』（フィルムアート社、二〇〇二年）；加藤幹郎『映画の論理　新しい映画史のために』（みすず書房、二〇〇五年）；加藤幹郎『『ブレードランナー』論序説　映

画学特別講義』（筑摩書房、二〇〇四年）；四方田犬彦「解題　メロドラマの研究史とブルックス」（ピーター・ブルックス『メロドラマ的想像力』［四方田犬彦／木村慧子訳、産業図書、二〇〇二年］、三一一頁‐三四頁）などの日本語文献である。なお、欧米の映画学が研磨したメロドラマ論の方法を日本映画に応用し、既成の研究を深化させる試みも、伊津野知多「女性は勝利したか　溝口健二の民主主義啓蒙映画」（岩本憲児編『占領下の映画　解放と検閲』［森話社、二〇〇九年］、一一七頁‐五〇頁）、金普慶「占領下の日本映画における女優須磨子　戦後民主主義と『国民』としての女性」（『文学研究論集』第三〇号［二〇一二年］、一一五頁‐三二頁）、御園生涼子『映画と国民国家　一九三〇年代松竹メロドラマ』（東京大学出版会、二〇一二年）などを通じ、より活性化しつつあるのに加え、メロドラマ論の格好の入門書である前掲 John Mercer and Martin Shingler, eds., *Melodrama: Genre, Style, Sensibility* (London: Wallflower Press, 2004) を邦訳したジョン・マーサー／マーティン・シングラー『メロドラマ映画を学ぶ　ジャンル・スタイル・感性』中村秀之／河野真理江訳（フィルムアート社、二〇一三年）も刊行を見た。本書もまた、こうした映画学の最前線の一端に位置する。

10 Linda Williams, *Playing the Race Card: Melodramas of Black and White from Uncle Tom to O. J. Simpson* (Princeton: Princeton UP, 2001) 29.

11 こうした問題意識は、すでに約二〇年前の議論にも鮮明である。

過去一五年ほどの間に、「メロドラマ」および「メロドラマ的」という術語は、いよいよ相互に異質な場面に登場し始めた。実際、これらの映画学への、並びに小説やテレビ・ラジオの連続ドラマのような様々な諸類型の調査への批評的関連性は所与の事実のように見える。全体的に見れば、例えば一九世紀の労働者階級の劇場で演じられたメロドラマと、近頃のベストセラーや昼間のテレビを支配する連続物を連結する、確固たる歴史的、文化的、イデオロギー的連続性を証明するための体系的努力がほぼ皆無である事実にもかかわらず、これらの術語の理論的評価と今日的使用の可能性は定着済の事柄のようである。実際、こうした連結を作り上げる理論は、メロドラマが最初に構想され、上演された折の具体的状況を離れ、通例「メロドラマ的」という術語で囲い込まれる、感情に訴える内容についての命題に向かう限りにおいて、相当に問題含みのままである。とは言え、この移行が情緒についての包括的一般化を優先し、一九世紀のメロドラマに関する歴史的状況、イデオロギー的力学、機能の不明瞭化に多分に影響するのは明白である（Michael Hays and Anastasia Nikolopoulou, "Introduction," *Melodrama: The Cultural Emergence of a Genre*, ed. Michael Hays and Anastasia Nikolopoulou [New York: St. Martin's Press, 1996] vii）。

第一章　恨みは長し六〇年

昭和初年の幕末映画を巡るメロドラマ的想像力

この世界では、美徳は孤立を余儀なくされ、
ただカメラと、ただ監督と、そして私たちと手を繋ぐ。
William Rothman[1]

第一節　メロドラマ的想像力

略筋――明治の創め、事近畿に起り、幕府の弱兵關東に逃るゝや、泉州堺は無管轄の地となり強盗、窃盗無頼の徒蜂起す。依てこれが鎮撫の爲め朝廷よりは堺警備の任を土州藩に命ぜられた。土州藩は六番隊、八番隊をやつてそれを鎮撫したので人民は何れも安心し、兩隊は民望を得たのであつた。

明治元年二月十五日、佛國水兵は短艇數艘を率ゐて上陸禁止地帯の堺濱に上來した。そして市中を荒し、掠奪、暴逆、狼藉を逞しうしたので人民は恐々として逃げ惑つた。こゝに於いて再び兩隊は監府の命によつて佛兵を諭し、歸艦せしめやうとしたが言語は通ぜず、佛兵はなほも威力を振ひ、剰へ隊旗まで奪つたので兩方大衝突を起し、その流血事件は明治新政最初の日佛外交事件となつた。當時我が朝廷は敵を内外に受け、國政更らに多事多端の折であつたので、佛国と理非曲直を争ふ事が出來ず。遂に土佐藩警備隊士十一名、泉州堺妙國寺に國難の犠牲となつて割腹して果てた。この間、臣下を思ふこと子の如き山内容堂公、並に東西よく奔走して國難外交の危機を救つた外[國]事務局判事五代友厚があつた。嗚呼明治外交の鮮血史、恨は永し六十年。[2]

森鴎外が『新小説』一九一四年二月号に発表した小説『堺事件』[3]と同じ出来事の顛末を描く『妙国寺事件』（志波西果監督、一九二九年）の公開を目前に、映画雑誌『キネマ旬報』が掲載した物語紹介の結びの一節《恨みは長し六〇年》は、昭和初年から見た幕末＝明治維新が六〇余年前の出来事、すなわち二一世紀初頭から見た一五年戦争（一九三一年‐四五

年）と時間的にほぼ等距離の出来事に過ぎない事実を再認識させる。実際、明治維新六〇周年である一九二八年を中心に、幕末＝明治維新を主題に据えた幕末映画が量産され、大流行を見せたとは日本映画史の常識である。とは言え、私たちは大流行の仔細を何も知らない。あるいは致命的な誤解を犯したままである。[4] 本章は、昭和初年に製作・公開された無数の幕末映画より、テクスト分析にも耐え得る程度に原形を留める現存例、具体的には『尊王攘夷』（池田富保監督、一九二七年）や『坂本龍馬』（枝正義郎監督、一九二八年）などの分析を中心に、当時の映画言説共同体、あるいは映画界と密接な連動を示した演劇界・文学界などの動向も視野に収めつつ、映画学の《現在》に一石を投じる試みである。

幕末＝明治維新とは国民国家日本の起点、言い換えれば近代日本の起点である。歴史学の成果を借りれば、昭和初年の日本社会には近代に関する両面価値的な想像力が発酵し、それゆえ「現時の『モダン日本』の出発点である明治維新の再検討」が喫緊の課題に浮上し、「歴史学のみならず小説など文学の分野でも、さまざまな明治維新像が提供される」結果を招来した。[5] それでは、こうした「近代日本という国民国家の歴史的な再検討」の渦中に、[6] 大衆文化の王座に君臨する映画は社会と如何に対峙したのか。昭和初年の日本社会は如何なる幕末映画を上映（project）し、同時に昭和初年の幕末映画には如何なる日本社会が投影（project）されたのか。映画学が試される問いである。実際、この問いに向き合うに際し、何よりも有効な指針を授けるのは、欧米の映画学を中心に蓄積されたメロドラマ論、すなわちメロドラマ的想像力の研究である。

ここに言うメロドラマとは、近代社会を生き抜くための心得を説くイデオロギー装置と理解し得る。実際、近代社会は将来設計の不可能な社会、より正確には将来設計の不可能性を束の間の将来設計に糊塗する社会である。封建制度に代表される前近代社会の諸権威の解体は、近代の個人に対し、自助努力を通じた自己実現の可能性を与えたと言われる。とは言え、ここには少なくとも二重の欺瞞がある。第一に、自己実現とは何かを絶対的に定義し得る社会的権威が失墜した以上、自己実現を目的に据えた近代的人生の意味も安定しない。第二に、仮に自己実現を社会的に定義し得ても、自助努力が報われぬままに自己実現に失敗した場合、失敗した彼／女の自己同一性を絶対的に保障する社会的権威が存在しない。メロドラマが封殺を図るのは、こうした近代を蝕む欠陥への不安である。

例えば、メロドラマ的想像力はしばしば敵味方を画然と区別する。こうした側面は戦争映画などに鮮明である。敵の同定は敵の打倒という目的に社会的意味を与える。本来的に錯綜した人間関係は象徴的に整理され、味方の勝利と自己実現は等号で結ばれる。しかし同時に、メロドラマはしばしば偶然、具体的には事故や病気や冤罪、秘匿された血縁関係の発覚や土壇場からの救出（last minute rescue）に依拠した作劇術を利用する。こうした波瀾万丈性は、敵味方を厳格に区別する単純性と相補的に機能する。メロドラマの単純性が近代的人生に対し、差し当り妥当な目的を与えれば、メロドラマの波瀾万丈性は、中途に想定外の偶然が発生し、目的への自助努力が水泡に帰した場合の身の処し方を教える。不運にも頓挫した自助努力に対し、今度は幸運が介入し、人生が前向きに再駆動し始めるかも知れない。紆余曲折が以前よりも意味深い自己実現のあり方、例えば異性愛の成就と家族的紐帯の構築への啓示を与えるかも知れない。[7] 彼／女の偶然の死が中絶させた自助努力に対し、次の偶然が新たに有望な後継者を送り込むかも知れない。メロドラマというイデオロギー装置は観客に対し、近代的人生は前向きに生きるに値するとの信念を発信し続ける。大衆は明日を夢見るように義務づけられる。

このようにメロドラマを理解したとき、昭和初年の幕末映画がメロドラマ論の取り組むべき課題である点に想到し得る。実際、昭和初年の日本社会に遍在した幕末＝明治維新に対する関心が、まさに明治維新以来の約六〇年間に構築された「近代の達成感とそれゆえの問題点の認識」に由来する以上、[8] 昭和初年の幕末映画の大流行の震源には、流動的な近代的人生への意味づけを希求する日本社会の大衆と、大衆の要求に応えつつ商業的成功を収めようと目論む日本映画界との利害の一致が認められるはずである。本章が最終的に捉えようと試みるのは、こうした利害の一致が映画的テクストの表層に刻印される瞬間の様相である。

映画学の先達は言う。「メロドラマは犠牲者＝主人公および彼らの美徳を評価することに注意を集中する。美徳の評価は道徳を巡る識別の平易さ――これはメロドラマの機能の鍵である――をもたらす。［…］美徳は苦難を通じてのみ評価され得る」[9]。すなわち、メロドラマの核心には「苦難」の只中に置かれた「美徳」の所有者の恨みが宿る。実際、錯綜した現実を敵味方のメロドラマ的二元論に還元する原動力は、敵の理不尽な仕打ちに対する味方の恨みであり、またメロドラマ的な不運と幸運の連鎖に潜在するのは、近代的人生を頓挫させかねない理不尽な偶然への恨みである。恨みは長し六〇年。この一節を手掛かりに、昭和初年の幕末映画の核心に肉薄しよう。

第二節　愛国者同士の絆

初めに誤解を指摘したい。昭和初年の幕末映画を「尊皇もの」[9]と形容する論者の誤解である。この形容には、昭和初年の幕末映画では「幕府への忠誠を主張する新撰組と、天皇への忠誠を主張する勤皇の志士たちとが激突し、〝菊（天皇）は栄える葵（徳川家）は枯れる〟で、天皇と国家への忠義のために死ぬことが聖化される」[11]との前提が不可欠である。言い換えれば、「妥協の余地のない対立項としての善悪の闘争」というメロドラマの基本的特性[12]――前節に見たメロドラマの単純性にも通じる特性であり、本書は善悪のメロドラマ性と呼ぶ――が、昭和初年の幕末映画の基調であるとの理解が不可欠である。とは言え、この理解は誤解である。昭和初年の幕末映画では、倒幕派と佐幕派の正面衝突はしばしば回避されるからである。

そもそも、昭和初年の幕末映画の主人公は倒幕派に限定されない。大河内傳次郎を事例に挙げよう。一九二八年七月公開の『地雷火組』三部作の完結編に勤皇の志士左橋与四郎を演じた大河内は、続く九月公開の『維新の京洛』では新撰組の近藤勇に扮した。監督はともに池田富保である。大河内の好敵手である阪東妻三郎の場合も注目に値する。阪東は主演作『新撰組隊長近藤勇』二部作（犬塚稔監督、一九二八年‐二九年）の近藤勇・坂本龍馬を含む三役、またやや時期が下り、一九三三年の主演作『剣士桂小五郎』（宇澤義之／沖博文監督）の桂小五郎・近藤勇の二役のように、倒幕派と佐幕派を軽々と越境しつつ複数役を演じた。市川右太衛門が徳川幕府の大老井伊直弼と同時に、井伊を暗殺する水戸浪士稲田重蔵にも扮した『井伊大老斬奸第一声』二部作（志波西果監督、一九三四年）も同様の事例と言えよう。これらの事実が示す通り、昭和初年の幕末映画を「尊皇もの」と形容しては速断の批判を免れない。

映画的テクストに目を転じよう。『鞍馬天狗』（山口哲平監督、一九二八年）の中盤に以下のような場面が見られる。勤皇の志士鞍馬天狗（嵐寛寿郎）と激突すべく、新撰組の近藤勇（山本礼三郎）が京都から大阪に馬を飛ばす。鞍馬天狗を慕う少年杉作（嵐佳一）は、近藤の大阪入りを阻止しようと馬前に立ち塞がり、物怖じせずに語り掛ける。

近藤さん
お前は立派な武士
血もある涙もある
武士だと聞いてゐる

俺の……俺の
大切な鞍馬天狗は
日本の宝だ
それを……
それを殺しに来た
お前さんは
日本の賊だぞ

杉作の懸命に打たれた近藤は馬首を回らし、京都に引き返す。このとき、倒幕派と佐幕派の正面衝突は奇跡的に回避される。注目すべきは、こうした奇跡的な幕引きをもたらした手品の種が、倒幕派も佐幕派も包摂し得る上位概念「日本」の名の下、杉作に媒介された鞍馬天狗と近藤勇の絆、言わば愛国者同士の絆だという点である。愛国者同士の絆を倒幕派と佐幕派の思想的対立に優先させた結果、両者に妥協点が見出される。無論、倒幕派と佐幕派の一方を善、他方を悪と見る善悪のメロドラマは抑圧される。

とは言え、昭和初年の幕末映画が、しばしば主人公に対するテロリズムの場面を山場に据えたのも厳然たる事実である[13]。それゆえ、倒幕派と佐幕派の正面衝突は、結局は不可避とも思われる。全ては思想的対立と道徳的対立を単純な等号で結ぶ善悪のメロドラマに帰着せざるを得ないようにも見える。とは言え、なお土壇場に至り、昭和初年の幕末映画は正面衝突の回避に尽力する。倒幕派が主人公の『坂本龍馬』と佐幕派が主人公の『尊王攘夷』、それぞれを仔細に分析しよう。

現存する不完全版『坂本龍馬』の場合、思想的対立を超克した絆は勤皇の志士坂本龍馬（阪東妻三郎）と佐幕派の剣客佐々木只三郎（春日清）との間に認められる。二人が橋畔に白刃を交える場面を見よう。坂本が妻お龍（森静子）と連れ立ち、夜の川端を散策する背後に佐々木が忍び寄る。剣劇が始まり、坂本は佐々木に対し、和やかに語り掛ける。

貴様も
大分苦労した喃
馴染甲斐だ
仝じ命をやるなら
貴様にくれて
やりたいがまだ

もう少し入用の命
今はやれぬ

剣劇が続く。佐々木は同じ佐幕派の新撰組が接近しつつあると知り、坂本に語り掛ける。

貴様の命は
俺以外にはとらさぬ
あの提灯は新撰組の
奴等だあんな奴に
助勢せられては此の
佐々木が終生の恥辱
刀を収めて呉れ頼む

坂本は休戦を承諾し、佐々木が橋上で新撰組を食い止める間に、お龍とともに悠然と立ち去る。ここでの坂本と佐々木の剣劇に血腥いテロリズムの影は差さない。むしろスポーツ《マン》同士を思わせる朗らかさである。思想的対立を超克したスポーツ《マン》シップが剣劇を律し、善悪のメロドラマは自粛する。[14] ただし、坂本の「馴染甲斐」という言い回しが異性関係、特に「同じ遊女の元に通い馴れた客」[15]を連想させる点に、鞍馬天狗と近藤勇の同性社会的(homosocial)な絆、すなわち《マン》の絆を強調した『鞍馬天狗』とは異なる結末への予感も漂う。

実際、決着の場面はすぐに訪れる。佐々木は坂本と坂本の同志中岡慎太郎（春路謙作）の暗殺に成功する。このとき、一旦は回避されたかに思われた倒幕派と佐幕派の正面衝突は、テロリズムの血糊とともに現実化する。犠牲者が剣劇の花形《阪妻》――阪東妻三郎の愛称――扮する主人公である以上、ここでは倒幕派を善、佐幕派を悪と見る善悪のメロドラマは不可避のはずである。にもかかわらず、なお主人公の意志は善悪のメロドラマを拒絶する。中岡に対し、瀕死の坂本が語り掛ける箇所を見よう。坂本は言う。

幕吏の中にも
まだ元気な奴が
ある喃

同じく虫の息の中岡も、坂本へとにじり寄る。ここでの坂本は、佐々木とのスポーツ《マン》シップに義理を立て通し、敵の健闘を称える。それゆえ、坂本の非業の死という最悪の事態をもたらしたテロリズムの血腥さも遡及的に緩和される。倒幕派と佐幕派の思想的境界に善悪の道徳的境界を重ねる善悪のメロドラマは必然的に後景に退く。

同様の状況は、井伊直弼（大河内傳次郎）が主人公の『尊王攘夷』にも見られる。本作の山場も主人公へのテロリズム、すなわち桜田門外の変の場面である。ここでは倒幕派と佐幕派の対立と言うより、徳川幕府の大老井伊の開国政策に賛成する開国派と、逆に反対する攘夷派との対立が問題化し、攘夷派の暗殺隊と井伊の護衛隊が激突する羽目に陥る。暗殺隊の有村治左衛門（尾上多見太郎）と井伊の対話は注目に値する。白刃を提げた有村に「国賊」と詰られた井伊は泰然と応じる。

思想の疎隔から
敵味方と別れ
取るべき道こそ

異なれど国家を思ふ
誠意には
変りは無い……
国賊なぞと
申すで無いぞ

井伊は従容と有村に首を差し出す。前掲の『鞍馬天狗』と同様、ここでも開国派と攘夷派を包摂し得る上位概念「国家」、すなわち国民国家日本の名の下、愛国者同士の絆が前景化する。無論、井伊もまた、剣劇の花形大河内傳次郎が扮した主人公である。それゆえ、有村のテロリズムを根拠づける善悪のメロドラマ――「国賊」の開国派が悪、有村自身を含む、「国賊」に天誅を加える攘夷派が善――に対し、井伊が善悪のメロドラマの水掛け論――自身の信念に賛成する開国派が善、反対する攘夷派が悪――を通じ、なお正面衝突を試みれば、観客の同情は自然と井伊に集まるはずである。言い換えれば、井伊に肩入れしつつ、井伊と有村を正面衝突させるのが商業映画の自然である。にもかかわらず、井伊は事態の善悪のメロドラマ化を執拗に忌避し、有村と愛国者同士の絆を結ぶ可能性を捨て切らない[16]。

第三節　善悪と悲哀

前節では、昭和初年の幕末映画における倒幕派と佐幕派、または開国派と攘夷派の関係には善悪のメロドラマ性が認め難い事実を指摘した。この結論は、昭和初年の幕末映画を巡る前掲の誤解を訂正すると同時に、映画と社会の相関性に鑑みれば予定調和的である。実際、昭和初年の日本社会の特性が「国民国家の共同性への危機感と不安感」に由来する「社会と国家を再編成しようとする試み」に見られる以上[17]、国民国家日本の起点である幕末＝明治維新を善悪のメロドラマ化し、日本人間に深刻な亀裂を走らせるのは好ましくないはずである。同時に、善悪のメロドラマの回避は、商業映画が直面する興行上の配慮とも理解し得る。『国際映画新聞』は『尊王攘夷』を以下のように評価する。「本映畫の如きは全く全國津々浦々、興行價値滿點を保證し得らる、次第である。唯案じらる、のは、［幕末＝明治維新当時］佐幕全盛であつた甲府、静岡、會津、北海道等で多少力を弱められるかも知れない[18]」。この記事からも推測し得る通り、昭和初年の幕末映画が幕末＝明治維新を露骨に善悪のメロドラマ化した場合、悪役を割り振られた派と歴史的に因縁の深い地域には、興行上の悪影響も生じかねないのである[19]。

それでは、善悪のメロドラマ性を脱色した結果、昭和初年の幕末映画には如何なる色彩が残るのか。私たちに前進の手掛かりを与えるのは、やはりハリウッドの家庭メロドラマに関する先行研究である。映画学の先達は「全ての登場人物を犠牲者として説得的に提示しおおす」作劇術を、成功したメロドラマの要諦に挙げる[20]。この場合、「美徳は苦難を通じてのみ評価され得る」との前掲の指摘を勘案すれば、必然的に全ての登場人物が善玉に編入されるはずである。それゆえ、善悪のメロドラマ性のみに立脚したテクストが一方の極に編まれれば、他方の極には同情すべき犠牲者のみが登場し、悪玉には立錐の余地も許されない――本書は悲哀のメロドラマ性と呼ぶ――テクストも編まれよう。実際、善悪のメロドラマ化を忌避した昭和初年の幕末映画は悲哀のメロドラマに接近する[21]。

例えば、『尊王攘夷』は黒船来航の場面から開幕する。この事実が示す通り、昭和初年の幕末映画の背景には、明示されるか否かを問わず、欧米列強による日本の植民地化への危機感が横たわる。言い換えれば、倒幕派も佐幕派も開国派も攘夷派も欧米列強の犠牲者であるとの前提が横たわる。それゆえ、欧米人を除く全ての登場人物が本来的には善玉の資格を有する。とは言え、事態は簡単には割り切れない。全員が善玉であるとの認識を、不幸にも全員が共有し得ないからである。

そもそも、ここに言う全員とは、倒幕派か佐幕派かを問わず、あるいは開国派か攘夷派かを問わず、国事に奔走する日本人全員を指す。それゆえ、全員が犠牲者であるとの前提は、さらに国民国家日本への想像力に前提される。とは言え、昭和初年の幕末映画には、こうした想像力は遍在しない。主人公を含む一握りの登場人物の特権に過ぎない。前掲の『鞍馬天狗』のように、思想的立場の対立する登場人物、すなわち杉作に媒介された鞍馬天狗と近藤勇が国民国家への想像力を共有する場合、すなわち「日本」の名の下、二人の間に愛国者同士の絆が生じ得る場合、二人は相互に相互を善良な犠牲者と認め合えるかも知れない。相互に善玉と認め合う関係が構築されれば、二人の間に血塗られたテロリズムは発生しない。それでは、思想的に対立する登場人物の片方、すなわち主人公のみが国民国家への想像力を取得し、日本人全員が善玉であるとの前提が双方に共有されない場合、事態は如何に推移するのか。『尊王攘夷』の井伊と有村の対話を再見しよう。このとき、有村に「国賊」と詰られつつも、泰然と首の座に直る井伊に対し、有村はただ不審の仕草しか示し得ない。この反応が端的に物語る通り、二人の対話は完全なすれ違いに終わる。国民国家日本は想像力の埒外にある有村が、それゆえ日本人間の善悪のメロドラマを自身の行動原理に選び得るのに対し、主人公井伊は、日本人全員を善良な犠牲者と見る悲哀のメロドラマに固執せざるを得ないからである。自身に向けたテロリズムの実行者であれ、有村もまた日本人である以上、やはり欧米列強の犠牲者と認めざるを得ない点に、井伊の身を裂く最大の困難が生じる。自身も有村も善良な犠牲者と認識する井伊は、自身を善、井伊を悪と色分けする有村のテロリズムを甘受する以外、身動きが取れないのである。

とは言え、昭和初年の幕末映画の主人公を取り巻く困難は、さらに複雑である。思想上の敵味方の関係が、善悪のメロドラマと悲哀のメロドラマの綱引きを通じ、錯綜を極めると同時に、一見、主人公の味方かと思われる登場人物もまた、主人公と一心同体とは言い難いからである。そもそも、昭和初年の幕末映画の原型と見なし得る、新国劇の座付作者行友李風の演劇的テクスト『維新情史・月形半平太』（京都・明治座、一九一九年）は、一般的に語られるような、倒幕派の長州藩士月形半平太と佐幕派の新撰組との善悪のメロドラマには還元されない。[22]無論、本作の山場は、京都の古刹を血に染める月形と新撰組との剣劇である。[23]とは言え、この剣劇は月形と同藩の藤岡九十郎が、月形の抱く「卓抜せる経綸の機略を察せず、小人徒らに策を弄して今夜、松ヶ崎の古寺へ誘い出し、新撰組の手に」襲撃させたためであり、[24]新撰組自体は月形の善性に拮抗する程度の悪性を発揮し得ない。言い換えれば、月形と新撰組との剣劇は、長州藩の内部抗争から派生した半ばは代理戦争に過ぎない。ここで前景化するのが、『尊王攘夷』同様、善悪のメロドラマと悲哀のメロドラマの綱引きである。善悪のメロドラマ者藤岡から見れば、月形は「猥りに詭弁を弄し自分自身の行動を隠さんとする」悪玉であり、また「利慾のために［…］間諜となり、我が藩の秘密を裏切り洩らそうとする」悪玉である。[26]こうした難詰への月形の返答は、悲哀のメロドラマ者の困難と孤独を物語る。

諸子恨むらくは未だ時勢を知るの明がない、しかし貴様は真心が可愛い、徒らに軽挙を謹んで自愛せい[26]……

「国家の為に生きる躰」を自任する月形は、[27]長州藩内の対立の鎮静化に努める。まさに『尊王攘夷』の井伊直弼にも通じる身振りである。実際、前述の新撰組を含め、本作では倒幕派の主人公に対する佐幕派の比重が著しく軽い。それゆえ、長州藩の内部抗争を回避し得れば、必然的に月形は日本人間の善悪のメロドラマを回避し得るのである。付言すれば、月形と藤岡の場合も、結局は愛国者同士の絆が優勢化する。大詰の直前、遂に藤岡は「彼［月形］を天下の乱臣と誤解した［…］一生の過り」に想到する。[28]このとき、藤岡は善悪のメロドラマ者から悲哀のメロドラマ者へと変貌する。藤岡は、自身が使嗾した新撰組のテロリズムの只中、月形に謝罪する。月形は答える。

もう云うな、わしは貴様の侍らしい真心を識る朋友だぞ。成敗は天命じゃ。人の力に及ぼうことか、忘れよう、忘れよう。凡てを忘れて尽未来会、心の友として手を曳き合おう[29]

月形と藤岡の絆は、悲哀のメロドラマ者井伊直弼から善悪のメロドラマ者有村治左衛門に向けた片恋の絆に終わらない。長州藩内の対立も、倒幕派と佐幕派の対立も超克した絆、日本の植民地化への危機感から導出された「天命」を自覚する悲哀のメロドラマ者同士の絆である。『鞍馬天狗』同様、愛国者と愛国者は相思の絆に結ばれる。[30]

第四節　視線と痙攣

前節では、大正中期に新国劇が初演した『維新情史・月形半平太』にも触れつつ、昭和初年の幕末映画の描く、主人公を取り巻く困難の諸相を分析した。端的に言えば、彼らの困難とは悲哀のメロドラマを行動原理に設定したための困難である。実際、国民国家日本への想像力に裏打された言動に対し、周囲の誤解が集まり、誤解が自身へのテロリズムにまで発展すれば、彼らは無念だろう。あまつさえ、悲哀のメロドラマの行動原理が、テロリズムの実行者に対し、なお愛国者同士の絆を忘れぬように要求し続ければ、彼らの恨みは捌け口を見失うだろう。彼らは孤独である。

無論、全てのメロドラマのほぼ全ての恨みと同様、昭和初年の幕末映画の主人公が抱く恨みもまた、絶対的に正当とは言い難い。メロドラマが描く恨みの正当性は、メロドラマを受容する歴史的状況に依存せざるを得ない。実際、彼らが自身の横死と引き換えに守り抜く国民国家への想像力自体、ポスト近代も呼ばれる二一世紀初頭には、必ずしも説得的な恨みの要因とは言い切れない。彼らの恨みは自業自得、すなわち「国家の為に生きる」との誇大妄想の挙句の逆恨みかも知れない。しかし同時に、昭和初年の日本社会の場合、彼らの恨みが正当と理解されたのも事実である。それゆえ当時の剣劇映画の花形たちは、彼らを執拗に演じ続けたのである。

それでは、昭和初年の幕末映画の主人公が抱く恨みは、映画的テクストの表層に如何に刻印されるのか。実際、前節が映画と演劇を一枚の分析の俎上に載せたように、ここまでの議論は必ずしも映画学的とは言えない。彼らの恨みが映画的テクストに結晶する模様の一部始終を、私たちはより仔細に記述しなければならない。

初めに視線の問題に着目したい。映画的テクストの要点は何よりも視線と視線の葛藤、視線の政治学に認められるからである。『坂本龍馬』を事例に取ろう。本作では、倒幕派と佐幕派の正面衝突を回避する方策が問題化し、大政奉還が画策される。この点は、坂本と土佐藩士後藤象二郎（志賀靖郎）が大政奉還を議論する場面に、後藤が「如何にも内乱は　百害を流し　一利無きもので　御座る」と述べ、坂本も我が意を得たとばかりに頷く箇所が含まれる事実にも明白である。とは言え、事態は予断を許さない。現存する不完全版の後続の場面では、大政奉還の成就の吉報を待ち望む坂本と海援隊の同志たちの長い夜が描かれる。善悪のメロドラマ者と悲哀のメロドラマ者の綱引きが生じるのは前半の箇所である。早々に計画を断念した一部の同志たちは、二条城の第一五代将軍徳川慶喜の襲撃を思いつき、「此の上は二條城に乱入なし　事の成否に拘らず　將軍家に一矢を　報ひ皇国の為に気を吐きませうぞ」と怪気炎を上げた挙句、同調しない坂本に対し、「隊長！　此の期に及んで　臆れたな」などと散々な罵声を浴びせ掛ける。こうした遣り取りには、倒幕派と佐幕派の善悪のメロドラマが容易に海援隊の内部抗争、すなわち坂本を悪と見る善悪のメロドラマにすり替わる過程が見て取れる。無論、坂本は同志たちの罵声に対し、罵声を浴びせ返せない。坂本は同志たちなりの「真心」を慈しまなければならない。それゆえ、坂本は恨みを呑む。ここでの坂本の恨みの捌け口の不在は、まさに視線の政治学を通じ、映画的テクストの表層に刻印される。実際、坂本は同志たちの視線を外し続ける。悲哀のメロドラマ者と善悪のメロドラマ者との視線のすれ違いは、あるときは画面の奥行——後景の同志たちが前景の坂本を凝視するのに対し、前景の坂本は左手の画面外を凝視する——を通じ、またあるときは切り返し編集——カメラにほぼ正対し、坂本を難詰する同志たちに対し、右手の画面外を凝視する坂本の右半身が後続する——を通じ、映画的に達成される。坂本が同志たちの視線、すなわち坂本の「臆れ」を非難する同志たちの恨みの視線を外し続けるのは、視線と視線の正面衝突を火種に、海援隊内に善悪のメロドラマの水掛け論が始まるのを回避するためである。『尊王攘夷』の井伊直弼が有村治左衛門の一方的な恨みの白刃さえも甘受せざるを得ないのと同様、坂本も同志たちの一方的な恨みの視線を甘受せざるを得ない。視線が恨みを伝達する状況下では、坂本が何かを見るのは好ましくない。画面外を凝視する坂本の視線

ある。

興味を惹くのは、視線を外す坂本の身振りが、ハリウッドの典型的な女性メロドラマのヒロイン、例えばジョーン・フォンテインを想起させる点である[31]。実際、ハリウッドの女性メロドラマと昭和初年の幕末映画では、ときに恨みの表現が共振する。視線の問題に続き、やはり映画的テクストの重要な要素である俳優の身体に着目しよう。メロドラマ論の先達はハリウッドの女性メロドラマの原型とも呼ぶべき『嵐の孤児』(*Orphans of the Storm*、一九二一年)を素材に主張する。「[映画作家D・W・]グリフィスは、言葉を発する資格の認められない者が、情緒を肉体という形式に転化し、表現主義的な身体を利用して物語ることを了解済らしい[32]」。さらに先達は、こうした「ヒステリー的な身体は［…］犠牲を強いられた女性の身体である」とも明言する[33]。とは言え、技法的に見る限り、こうした身体表現を女性の登場人物のみに認めるのは早計である。実際、昭和初年の幕末映画の主人公が鬱積した恨みを仮託するのも同様の身体である。

『坂本龍馬』の主人公暗殺の場面を再見しよう。佐々木只三郎の早業に、すでに瀕死の坂本が中岡慎太郎へとにじり寄る。このとき、坂本の身体は異様に痙攣し続ける。第二節に見た通り、この直後に坂本は佐々木の健闘を称えなければならない。それゆえ、坂本は佐々木に対する恨みを呑まなければならない。本当らしさやリアリズムの観点からは説明し尽せない、過剰に痙攣する坂本の身体――「メロドラマのリアリズムに対する関係は、常に歪みを伴う[34]」――は、「国家の為に生きる」悲哀のメロドラマ者の言語化し得ない恨みを表現する「表象の場[35]」と化す[36]。

『尊王攘夷』からも事例を引こう。桜田門外の変の場面を控え、井伊が自邸に寛ぐ場面である。本節の議論と関連するのは、井伊が側近の宇津木六之丞(尾上卯多五郎)、長野主膳(高木永二)の二人と語らう箇所である。攘夷派の不穏な動向を掴み、井伊に幕政の第一線からの撤退を勧める二人に対し、井伊は語る。

国難を背に

歩み疲れた
直弼の耳を貫く
四面楚歌……
怨嗟の聲は小止み無く
……救はるものは
死の光明……

井伊は顔面を痙攣させつつ哄笑する。このとき、悲哀のメロドラマ者井伊の身体を痙攣に追い込むのが、善悪のメロドラマ者のテロリズムの予感であるのは言を俟たない。しかし同時に、井伊を案じる側近もまた一因であるに違いない。実際、長野は「今後御供廻りの　人數を增し　劍客等を加へ　嚴重に警戒」し、テロリズムに対抗すべきだと主張するが、長野の主張に従えば、善悪のメロドラマの水掛け論に終わりは見えない。言い換えれば、長野も善悪のメロドラマ者に過ぎない。善悪のメロドラマ者が国民国家への想像力を咀嚼し得ない以上、長野も井伊の直面する「国難」、すなわち欧米列強による日本の植民地化の危機に対し、井伊と同じ感性では直面し得ない。『坂本龍馬』の海援隊士が突如、隊内に善悪のメロドラマを導入し、主人公を面罵したように、差し当り井伊に忠誠を尽す側近も、不図した弾みに、井伊を悪と見る善悪のメロドラマに転向しないとも限らない。痙攣する井伊の身体は、自身の側近さえ善悪のメロドラマ者と気づかされた瞬間の悲哀のメロドラマ者を取り巻く「四面楚歌」、すなわち恨みの捌け口の不在を表現する。

第五節　想像の切り返し

前節では、昭和初年の幕末映画の主人公に内在する恨みが、映画的テクストに結晶する模様を分析した。具体的には、主人公の外された視線や身体の痙攣に着目し、彼らの恨みの行き場の不在を焦点化した。実際、彼らは孤独である。とは言え、昭和初年の幕末映画は、土壇場に彼らを救済する。善悪のメロドラマ者には理解の至らない悲哀のメロドラマ者の鬱屈した恨みを、最終的に受け止める相手を用意する。この相手こそ、銀幕の彼らに視線を注ぐ観客、すなわち昭和初年の日本社会を生きる大衆である。

そもそも、国民国家が近代的制度である以上、幕末映画の主人公が国民国家への想像力を体得するのは、彼らの先見性とは言え、あるいは先見性ゆえに、いささか時代錯誤的である。言い換えれば、彼らの先見性が周囲の非難や嘲笑に晒され、彼らが孤独に呻吟する展開は自然である。彼らが孤独に呻吟するほど、国民国家日本が成立した明治維新以後を生きる観客、すなわち幕末映画の主人公の先見性と、それゆえ彼らの恨みの正当性に共感し得る昭和初年の観客は、彼らに同情を禁じ得ない。ここに昭和初年の日本社会に対する幕末映画の機能が看取される。前掲の通り、昭和初年の日本社会とは「国民国家の共同性への危機感と不安感」に動揺する社会である。それゆえ、国民国家への想像力を護持したために深刻な孤独に苛まれる彼らの悲哀は、流動化した日本社会の現況を逆照射する効果を持つ。幕末映画の主人公の恨みに同情した結果、国民国家日本の現況を巡る自省が誘発され、それゆえ国民国家への想像力の重要性が再確認される。最終的に、昭和初年の日本社会の大衆は、日本人という自己同一性への信頼を再確認させられる。

それでは、昭和初年の幕末映画の主人公の恨みは、観客に如何に届けられるのか。前節に見た通り、彼らの痙攣する身体は、彼らの恨みを媒介する。しかし同時に、彼らはより直接的に昭和初年の観客と交感する。実際、彼らは昭和初年の観客とのアイ・コンタクトを試みる。こうした瞬間は、彼らに対するテロリズムや横死の予感と共起する。『尊王攘夷』からは、井伊直弼が自邸に寛ぐ前掲の場面を再見しよう。井伊が側近二人と語らう箇所の直前、井伊が奥方昌子（小松みどり）と言葉を交わす箇所である。やはりテロリズムの不安を胸に、井伊に幕政の第一線からの撤退を願う昌子に対し、井伊は彼女の視線を外し、カメラを見詰めるように言葉を漏らす。

人生は空ぢや……
此肉體は消滅しても
魂は永劫不滅
国家を護る鬼とも成らふ
……人事を竭して
天命を俟つ……
只成行に
任すのみだ……

このとき、奥方からカメラに転じた井伊の視線は、銀幕の井伊を見詰める昭和初年の観客の視線と遭遇する。言わば、井伊と観客との間に想像の切り返し（imagined shot/reverse shot）が成立する。[37] 奥方から逸らされた井伊の視線には、テロリズムの予感に慄く悲哀のメロドラマ者の恨みが宿る。捌け口を封じられた井伊の恨みは銀幕を射抜き、ようやく昭和初年の日本社会の大衆に吐露される。

こうした解釈は、井伊がカメラに漏らす台詞に、井伊自身の死後、言わば《近未来》の国家への言及が含まれるために、さらに補強される。こうした言及は、主人公が新撰組の凶刃に斃れる寸前、「われ死なば勤王の鬼となって皇ら御国の礎を護る」[38]と悲壮に誓う『維新情史・月形半平太』以来の常套である。[39] 井伊は昭和初年の《近未来》の観客を眼差し、まさに《近未来》の日本の安寧に献身すると誓う。言い換えれば、井伊は昭和初年の観客に向け、超時空的な呼び掛けを試みる。井伊の視線を受け止めるのは、井伊の呼び掛けに呼応するのと同義である。井伊と観客の間に想像の切り返しが成立した瞬間、彼らの共同戦線が成立する。国民国家日本への想像力に裏打された愛国者の共同戦線である。無論、劇中の井伊が日本人間の善悪のメロドラマを忌避し、テロリスト有村治左衛門とも愛国者同士の絆を結ぼうと試みた事実は、井伊の呼び掛けへの反応の地域差を最小化し、それゆえ共同戦線の成立に向ける観客の熱量を最大化したはずである。

同様の事例は、『坂本龍馬』の暗殺の場面にも認められる。身体の痙攣の議論に見た、瀕死の坂本龍馬が中岡慎太郎ににじり寄る箇所では、すでに坂本はカメラに夢中である。坂本は死の気配に包まれつつカメラを見詰め、後退するカメラにすがるように前進する。無論、坂本の前進は、本来的には中岡に接近するためである。しかし同時に、坂本の恨みを湛えた身体の痙攣に共起した結果、坂本が恨みの捌け口をカメラに求めるように見えるのも事実である。実際、後続の箇所では、坂本のカメラへの関心は新たな展開を見せる。死を覚悟した坂本が、中岡とともに皇居を遥拝する場面を見よう。中岡に抱えられた坂本は、皇居の天皇に呼び掛ける。

坂本龍馬――
身は死しても魂は――
永久――皇国の――
大海原を守護し奉る

遂に坂本は絶命する。このとき、坂本や中岡は視線の端にカメラを捉える。無論、二人の視線は、本来的には皇居を指向する。しかし同時に、坂本が死後の《近未来》、すなわち昭和初年の観客の生きる《現在》の「皇国」に言及する点、また坂本の身体が恨みの痙攣を続ける点などとも連動し、坂本の視線は昭和初年の観客との想像の切り返しを望むように見える。言い換えれば、皇居に向けた坂本の辞世の視線と呼び掛けは、昭和初年の日本社会の大衆に後事を託す視線と呼び掛けを内包する。坂本もまた、カメラ目線に超時空的な愛国者同士の絆の成立を期待する。

　こうした解釈を補強するのが、皇居を遥拝する坂本に対する切り返し、より正確には、皇居を遥拝する坂本と組ませるには、やや不釣合な切り返しである。実際、坂本の視線が皇居を志向する点が重要であれば、後続の切り返しは坂本の視線の対象を明確に提示するはずである。無論、この切り返しは後景の屋外の空間と前中景の屋内の空間を隔てる開口部を活用し、坂本の視線の対象を映像的に強調する。とは言え、この切り返しの主眼は、やはり皇居を見る坂本の背中を見る点に置かれたと解釈すべきである。中景の奥側の部屋と前景の手前の部屋を隔てる開口部を活用し、映像的に強調された坂本の背中を見つつ、昭和初年の観客は、文字通り／映像通り、坂本の後継者の位置を許される。坂本もまた、昭和初年の日本社会の大衆に見守られつつ、孤独死を回避する。

第六節　海景の静謐

　前節では、昭和初年の観客と幕末映画の主人公との想像の切り返しを分析した。実際、幕末映画の歴史を通じ、彼らのカメラ目線は特権的な位置を占める。[40] 付言すれば、昭和初年の幕末映画の基調は、大詰に想像の切り返しが成立した結果、悲哀のメロドラマから善悪のメロドラマに移行し始める。日本人間の善悪のメロドラマを回避する配慮が主人公に背負わせた恨みは、カメラ目線を通じ、彼らが昭和初年の日本社会の大衆と愛国者同士の絆を結ぶ過程に慰撫される。同時に、彼らの困難と孤独のそもそもの由来である、日本の植民地化を目論む欧米列強の存在が脳裏に浮上する。欧米列強という悪への恨みを問題化した、新たな善悪のメロドラマの可能性が像を結び始める。

　こうした基調の移行を指標づけるように、昭和初年の幕末映画は《現在》の海景を導入する。海景は欧米列強と極東の島国日本との緩衝地帯であり、それゆえ日本を善、欧米列強を悪と見る善悪のメロドラマの主戦場となり得るからである。言い換えれば、海景の静謐は国民国家日本の安寧の比喩形象である。『坂本龍馬』の場合、主人公が皇居に向けた前掲の台詞「永久──皇国の──　大海原を守護し奉る」が、昭和初年の《現在》の海景の静謐を示唆する。『尊王攘夷』の場合、海景の静謐は結尾の場面に映像化する。桜田門外の変に続き、日章旗などの映像を挟み、「維新を經た街景」[41]である近代化した港湾が映し出される。説明字幕が重なる。

幾多の犠牲と
尊き血涙の
功績は
永久朽ちせず……
嗚呼
今昔の感深し……

さらに港湾の風景が続く。黒船来航による海景の混乱の場面に開幕した『尊王攘夷』は、秩序を取り戻した《現在》の海景の場面に閉幕するのである。

最後に、第一節に掲げた問いに立ち戻ろう。昭和初年の日本社会は如何なる幕末映画を上映（project）し、また昭和初年の幕末映画には如何なる日本社会が投影（project）されたのか、との問いである。前者の問いに答えれば、昭和初年に大流行を見た幕末映画はメロドラマというイデオロギー装置であり、まさに幕末＝明治維新以来の約六〇年間に発酵された、近代的人生と不可分の不安を抑制する社会的機能を担う。昭和初年の観客は想像の切り返しを通じ、幕末映画の主人公の恨みを正面から受け止めた結果、彼らと愛国者同士の絆を結び、国民国家日本への想像力を再認識させられる。近代の流動性が育んだ不安は、近代日本の建国の過程が幕末映画の主人公に背負わせた恨みを梃子に、欧米列強を捌け口に仮構した恨みに鍛造され、社会的な意味づけを得る。後者の問いに答えれば、昭和初年の日本社会は幕末映画の主人公の瞳に投影される。彼らの瞳がカメラを見詰め、昭和初年の日本社会の大衆との想像の切り返しを希求するからである。

昭和初年の幕末映画が記録した海景は、当時の日本社会を取り巻く実際の海景と同様、差し当り静謐である。とは言え、二一世紀初頭を生きる私たちは、こうした静謐が長続きしない事実を熟知する。一九三一年以後の一五年戦争を通じ、日本を囲む海景は、アジア諸国や欧米列強との善悪のメロドラマの戦場と化すのである。このとき、幕末映画を巡る状況には如何なる変化が生じるのか。一五年戦争下の幕末映画の主人公は、やはりカメラ目線を通じ、日本社会の大衆に超時空的に呼び掛けるのか。第二章に昭和初年の股旅映画『沓掛時次郎』を分析するのに続き、第三章「箱詰された孤独　稲垣浩と一五年戦争下の幕末映画の時間構造」では、これらの問題を検討する。

註

1　William Rothman, "*The Goddess*: Reflections on Melodrama East and West," *Melodrama and Asian Cinema*, ed. Wimal Dissanayake (Cambridge: Cambridge UP, 1993) 68.

2　『妙国寺事件』紹介、『キネマ旬報』一九二八年一二月一一日号、八六頁。

3　森鷗外『堺事件』『鷗外歴史文学集』第二巻（岩波書店、二〇〇〇年）、二六五頁 - 三〇八頁。

4　本書に先行する幕末映画の議論に、ある歴史学者の新書も挙げ得るが、映画学的には批判すべき問題点が散見される。例えば、著者は「無常感」――正確に書けば「無常観」――や「もののあわれ」など、陳腐化した日本文化の極り文句に言及しつつ、幕末映画に頻出する佐幕派の新撰組を「大衆化された『平家物語』」の主人公と形容する（筒井清忠『時代劇映画の思想　ノスタルジーの行方』［ウェッジ、二〇〇八年］、一三五頁 - 一三六頁）。とは言え、この主張に「思わず膝を打つ」（川本三郎「半歩遅れの読書術」『日本経済新聞』二〇〇三年五月一八日朝刊、二一面）書評家には気の毒ながら、日本映画史の実際との隔たりは大きい。事実、本章に見る通り、幕末映画が大流行した昭和初年当時、幕末＝明治維新は僅々六〇余年前の出来事、すなわち幕末＝明治維新と昭和初年との因果論的関連性に根拠づけられた高度に現時点的な出来事であり、さらに第五章に見る通り、古典期に活躍した映画作家の世代論的認識に即せば、幕末＝明治維新は祖父の世代の出来事である。こうした歴史的個別性を等閑視し、幕末映画と中世文学『平家物語』を文化的極り文句に還元する言説に対し、説得的な批判を加えるのも本書の責務である。

5　成田龍一『〈歴史〉はいかに語られるか　一九三〇年代「国民の物語」批判』（日本放送出版協会、二〇〇一年）、一四頁。なお、著者は総合雑誌『中央公論』の言説を調査し、昭和初年の日本社会に渦巻く「国民国家の共同性への危機感と不安感［…］国民国家の枠組みに対する見直し」の指標に、「大衆論や街頭の光景、ジャーナリズム論など」、「新しい風俗や文化の紹介、論評など」、「貧困や失業、農村の疲弊など」、「マルクス主義への考察など」を列挙する（成田龍一『〈歴史〉はいかに語られるか　一九三〇年代「国民の物語」批判』［日本放送出版協会、二〇〇一年］、一三頁‐一四頁）。問題は、著者が「一九三〇年代」の枠組に固執したためか、こうした社会状況の発端を一九二九年一〇月二四日以後の世界恐慌に見るように記した点である。（成田龍一『〈歴史〉はいかに語られるか　一九三〇年代「国民の物語」批判』［日本放送出版協会、二〇〇一年］、一三頁）。とは言え、著者が一九二九年一〇月以前の『中央公論』に言及した事実も示唆する通り、こうした社会状況は世界恐慌以前から見られたと理解すべきである（成田龍一『〈歴史〉はいかに語られるか一九三〇年代「国民の物語」批判』［日本放送出版協会、二〇〇一年］、一三頁‐一四頁）。むしろ、経済学者中村隆英の唱える、「［一九］三五年から敗戦の四五年まで」の「陸軍の支配」に先行する、「一九二〇年から三〇年代前半まで」という枠組が有効である（中村隆英『昭和史Ⅰ　一九二六‐一九四五』［東洋経済新報社、一九九三年］、四頁）。なお、中村は民主主義や社会主義の動向とともに「陸軍の内部［…］の新潮流」（中村隆英『昭和史Ⅰ　一九二六‐一九四五』［東洋経済新報社、一九九三年］、一〇二頁）を一九二〇年代日本の要諦に数え、「国家総動員思想の台頭」（中村隆英『昭和史Ⅰ　一九二六‐一九四五』［東洋経済新報社、一九九三年］、一〇二頁）、青年将校の「国家改造」（中村隆英『昭和史Ⅰ　一九二六‐一九四五』［東洋経済新一九九三年」、一〇九頁）思想の醸成などに着目するが、これらも「国民国家の枠組みに対する見直し」の一環と見るべきである。映画と国民国家の相関性を知るには、杉野健太郎編『映画とネイション』（ミネルヴァ書房、二〇一〇年）などが示唆に富む。

6 成田龍一『〈歴史〉はいかに語られるか　一九三〇年代「国民の物語」批判』（日本放送出版協会、二〇〇一年）、一四頁。

7 メロドラマにおける異性愛と家族的紐帯の問題を理解するには、Ken K. Ito, *An Age of Melodrama: Family, Gender, and Social Hierarchy in the Turn-of-the-Century Japanese Novel*（Stanford: Stanford UP, 2008）が示唆に富む。

8 成田龍一『〈歴史〉はいかに語られるか　一九三〇年代「国民の物語」批判』（日本放送出版協会、二〇〇一年）、一四頁。

9 Linda Williams, *Playing the Race Card: Melodramas of Black and White from Uncle Tom to O. J. Simpson*（Princeton: Princeton UP, 2001）29.

10 佐藤忠男『長谷川伸論　義理人情とは何か』（岩波書店、二〇〇四年）、一四六頁。

11 佐藤忠男『日本映画史』第一巻（岩波書店、一九九五年）、二八五頁。

12 Peter Brooks, *The Melodramatic Imagination: Balzac, Henry James, Melodrama, and the Mode of Excess*（New Haven: Yale UP, 1995）36.

13 映画のテロリズム表象の問題を知るには、四方田犬彦『テロルと映画』（中央公論新社、二〇一五年）が示唆に富む。

14 幕末映画の剣劇のスポーツ性は、山根貞男『映像の沖田総司』（新人物往来社、一九七五年）、六二頁 - 六三頁、並びに紅野謙介「司馬遼太郎と映画　一九六〇年代におけるプログラムピクチャーの変容」（関礼子／原仁司編『表象の現代　文学・思想・映像の二〇世紀』［翰林書房、二〇〇八年］）、二八一頁に先行の指摘が見受けられる。とは言え、前者の場合、新撰組は「勤王の志士を善玉とするのに対する悪玉」の典型であり、「時流に逆らう［…］残酷非道の集団」（山根貞男『映像の沖田総司』［新人物往来社、一九七五年］、六〇頁）に過ぎないとの主張に続き、『御存じ怪傑黒頭巾・新撰組追撃』（内出好吉監督、一九五五年）に見る剣劇のスポーツ性――「勤皇だの佐幕だのという思想性はなく、ただゲームを闘う二組の勢力があるだけ」（山根貞男『映像の沖田総司』［新人物往来社、一九七五年］、六三頁）――が指摘されるなど、議論の説得性に問題が残る。

15 「馴染」『広辞苑』第五版（岩波書店、一九九八年）。

16 無論、昭和初年の幕末映画にも善悪のメロドラマ性は認められる。現存する不完全版『鞍馬天狗・恐怖時代』（山口哲平監督、一九二八年）の場合、物語の基軸は主人公鞍馬天狗（嵐寛寿郎）と非政治的な強盗団の善悪のメロドラマである。要するに、思想的境界と道徳的境界を同一視する善悪のメロドラマの不在が興味深い点であり、実際、『キネマ旬報』時評は、倒幕派と佐幕派の思想的対立に善悪のメロドラマ性を介入させた幕末映画『神州』（渡辺新太郎監督、一九二八年）を非難し、「大局的な思想に生きる人間ばかりで、少くとも大江戸を守る人［佐幕派］、新しい日本を固める人［倒幕派］の心からなる抗争を強調すべき」だと主張した（水町青磁『神州』時評、『キネマ旬報』一九二九年一月一日号、二五八頁）。本作の粗筋を知るには、『神州』紹介（『キネマ旬報』一九二八年一二月一一日号、八七頁‐八八頁）を参照せよ。

17 成田龍一『〈歴史〉はいかに語られるか　一九三〇年代「国民の物語」批判』（日本放送出版協会、二〇〇一年）、一三頁。

18 『尊王攘夷』予測、『国際映画新聞』一九二七年九月五日号、一〇一頁。

19 小説家子母澤寛は一九二九年一〇月、元・新撰組隊士稗田利八（旧名池田七三郎）の聞き取りを実施した（子母澤寛『新撰組始末記』『子母澤寛全集』第一巻［講談社、一九七三年］、二一二頁‐二一四頁）。後年、子母澤が後輩の小説家司馬遼太郎に披露した逸話によれば、子母澤の聞き取り中、稗田は「だんだん新撰組時代に気分が戻っていって、顔つきまで変って、その辺りを窺うような目つきで［…］次第に錯覚しだした」（子母澤寛／司馬遼太郎『対談　幕末よもやま』、子母澤寛『子母澤寛全集』第二五巻［講談社、一九七三年］、四九五頁）。こうした逸話からも明白な通り、昭和初年の幕末映画が幕末＝明治維新を不用意に善悪のメロドラマ化した場合、幕末＝明治維新当時を再現する不穏な事態も生じかねないのである。なお、子母澤の祖父は上野戦争――「慶応四（一八六八）年五月、上野の寛永寺を本拠とする彰義隊を官軍が討伐した戦い」（「上野戦争」『広辞苑』第五版［岩波書店、一九九八年］）――に佐幕派の彰義隊士の立場で参戦した（尾崎秀樹編「子母澤寛年譜」、子母澤寛『子母澤寛全集』第二五巻［講談社、一九七三年］、五〇九頁）。前掲の司馬との対談中、「先生の場合は幕臣だったおじいさん［…］の気持とか、美意識とか、そういうものを自分が書かなくては、という悲壮感があるように思えてならない」と水を向けられた子母澤は、「それはありますね」と即答した（子母澤寛／司馬遼太郎『対談　幕末よもやま』、子母澤寛『子母澤寛全集』第二五巻［講談社、一九七三年］、四九五頁）。こうした子母澤の認識は、第五章に見る映画作家伊藤大輔の幕末＝明治維新像とも共鳴する。伊藤の新撰組観や子母澤観を知るには、伊藤大輔著／加藤泰編『時代劇映画の詩と真実』（キネマ旬報社、一九七六年）、九四頁‐九六頁を参照せよ。

20　Thomas Elsaesser, "Tales of Sound and Fury: Observations on the Family Melodrama," *Imitations of Life: A Reader on Film & Television Melodrama*, ed. Marcia Landy (Detroit: Wayne State UP, 1991) 86. 傍線は原文の強調。

21　先行研究にも、善悪のメロドラマ性と悲哀のメロドラマ性を対比的に理解した議論は存在する。例えば、ある映画学者は主張する。「悲哀（pathos）というメロドラマ的要素が、しばしば道徳の分極化（moral polarization）というメロドラマ的要素の排除を前提とする」のと同様、「活劇志向のメロドラマは［…］悲哀抜きで道徳の分極化を提示する」（Ben Singer, *Melodrama and Modernity: Early Sensational Cinema and Its Contexts* [New York: Columbia UP, 2001] 55）。ただし、ここでの悲哀は、ハリウッドの家庭メロドラマ『悲しみは空の彼方に』（*Imitation of Life*、一九五九年）が綴るような「二人（以上）の道徳的に善良な［…］登場人物が、自分たちの利害が根本的に一致しない点に思い至る」という「道徳的な二律背反の状況の悲哀」（Ben Singer, *Melodrama and Modernity: Early Sensational Cinema and Its Contexts* [New York: Columbia UP, 2001] 54）、まさに善と善の闘争が生む悲哀であり、昭和初年の幕末映画の悲哀とは趣が異なる。

22　聯合映画芸術家協会版『月形半平太』（衣笠貞之助監督、一九二五年）以来、映画化が繰り返された『維新情史・月形半平太』では、「新撰組は勤王の志士をつけねらう暗殺者集団であり、敵役以外の何物でもなかった」（紅野謙介「司馬遼太郎と映画　一九六〇年代におけるプログラムピクチャーの変容」、関礼子／原仁司編『表象の現代　文学・思想・映像の二〇世紀』［翰林書房、二〇〇八年］、二七九頁）との主張は、こうした一般的な理解の好例である。とは言え、後続の議論にも詳述する通り、原作『維新情史・月形半平太』の描く新撰組は、主人公月形半平太の善性に拮抗する悪性を示し得ない。また、聯合映画芸術家協会版『月形半平太』の場合も、映画作家冬島泰三旧蔵の台本を分析する限り、基本的な物語は原作に従順である（『月形半平太』台本、早稲田大学演劇博物館）。実際、新撰組が登場する箇所には、「この辺　新撰組の性根あ

いまい　見物にも判るまい　なるべくカット」（『月形半平太』台本、早稲田大学演劇博物館、T一〇一・〇二）との書き込みも見られるほどであり、劇中の新撰組の比重の軽さは明白である。なお、上記の主張を述べた文芸学者は、一九二八年公開の『新撰組隊長近藤勇』二部作より、悪玉専門の「近藤勇が主人公となる余地」（紅野謙介「司馬遼太郎と映画一九六〇年代におけるプログラムピクチャーの変容」、関礼子／原仁司編『表象の現代　文学・思想・映像の二〇世紀』［翰林書房、二〇〇八年］、二七九頁）が生じたと続けるが、すでに日本演劇界では、『維新情史・月形半平太』を手掛けた行友李風が近藤を焦点化した演劇的テクスト『新撰組』（東京・公園劇場、一九二三年）を発表済であり、また日本映画界でも、阪東妻三郎主演の幕末映画『尊王』（志波西果監督、一九二六年）の時評に、「近藤勇を涙の人に作り上げたのは［…］嬉しくなつたが聊か涙の安賣の感がないでもない」（山本緑葉『尊王』時評、『キネマ旬報』一九二六年二月二一日号、六九頁）との一節も残るため、議論の説得性に問題が残る。行友李風『新撰組』を読むには、北條秀司編『行友李風戯曲集』（演劇出版社、一九八七年）、二三九頁・九〇頁を参照せよ。

23　行友李風『維新情史・月形半平太』、北條秀司編『行友李風戯曲集』（演劇出版社、一九八七年）、二三三頁・二三八頁。

24　行友李風『維新情史・月形半平太』、北條秀司編『行友李風戯曲集』（演劇出版社、一九八七年）、二三一頁・二三二頁。

25　行友李風『維新情史・月形半平太』、北條秀司編『行友李風戯曲集』（演劇出版社、一九八七年）、一九〇頁。

26　行友李風『維新情史・月形半平太』、北條秀司編『行友李風戯曲集』（演劇出版社、一九八七年）、一九〇頁。

27　行友李風『維新情史・月形半平太』、北條秀司編『行友李風戯曲集』（演劇出版社、一九八七年）、一九〇頁。

28　行友李風『維新情史・月形半平太』、北條秀司編『行友李風戯曲集』（演劇出版社、一九八七年）、二三二頁。

29　行友李風『維新情史・月形半平太』、北條秀司編『行友李風戯曲集』（演劇出版社、一九八七年）、二三六頁。

30　映画作家伊藤大輔の卓見は、『維新情史・月形半平太』を門人西原孝と共同脚色し、自身が監督した『月形半平太』（伊藤大輔監督、一九三三年）に顕著である。冒頭、伊藤は薩摩、安芸、土佐、主人公の属する長州の各藩の志士が「四藩連合による討幕の秘策」を練る導入部を設定する（伊藤大輔／西原孝『月形半平太』脚本、伊藤大輔著／伊藤朝子編『伊藤大輔シナリオ集』第一巻［淡交社、一九八五年］、二四〇頁・四二頁）。ここに注目すべきは、会議の詳細を長州藩の「同志に秘する」よう、他藩の出席者に要請された月形が、当初は「昂然として反発し」、最終的に了承する過程が描かれる点である（伊藤大輔／西原孝『月形半平太』脚本、伊藤大輔著／伊藤朝子編『伊藤大輔シナリオ集』第一巻［淡交社、一九八五年］、二四二頁）。こうした創作から、同じ長州藩士に「酔漢！」「犬！」「卑怯者！」と詰られ、雨中に一人佇み、「半平太よ！四面楚歌――」「同志ことごとく我を去る」「去るもよし！去らば去れ――」（伊藤大輔／西原孝『月形半平太』脚本、伊藤大輔著／伊藤朝子編『伊藤大輔シナリオ集』第一巻［淡交社、一九八五年］、二五六頁-五七頁）と孤独に絶叫する悲哀のメロドラマ者月形の輪郭が、原作以上に鮮明化するのである。

31　ジョーン・フォンテイン扮するヒロインの外された視線については、加藤幹郎『映画のメロドラマ的想像力』（フィルムアート社、一九八八年）より「メロドラマは泣き顔を要請する」（三六頁-五三頁）を見よ。本章に対し、特に示唆的な議論を引用する。

> ［『レベッカ』（*Rebecca*、一九四〇年）のある場面に］重要なのが、顔をそむける（眼をそらしてしまう）という動作である。視線がその対象から離れ、正当な繋留地から漂いだすこと。これはすぐれてメロドラマ的な比喩形象である。メロドラマのヒロインは、みずからの受動性、そのよるべなさをきわだたせるために、しばしばその視線をあてどもなくさまよわせねばならないのである（加藤幹郎『映画のメロドラマ的想像力』［フィルムアート社、一九八八年］、四二頁-四四頁）。

32　Peter Brooks, *The Melodramatic Imagination: Balzac, Henry James, Melodrama, and the Mode of Excess* (New Haven: Yale UP, 1995) xi.

33　Peter Brooks, *The Melodramatic Imagination: Balzac, Henry James, Melodrama, and the Mode of Excess* (New Haven: Yale UP, 1995) xii.

34　Peter Brooks, *The Melodramatic Imagination: Balzac, Henry James, Melodrama, and the Mode of Excess* (New Haven: Yale UP,

1995) ix.

35 Peter Brooks, *The Melodramatic Imagination: Balzac, Henry James, Melodrama, and the Mode of Excess* (New Haven: Yale UP, 1995) xii.

36 実際、映画雑誌『阪妻畫報』には、一九二七年大晦日に公開された『鼠小僧次郎吉』（安田憲邦監督）以来、ほぼ半年振りの阪東主演作『坂本龍馬』に接し、「一つの精神的飢渇」を癒された観客の感想が掲載された。

> やがて劇は木屋町の春日清扮する佐々木只三郎と、坂本龍馬の凄愴な剣闘から、大政奉還實現され、ラストの龍馬暗殺へ――。
>
> かつて僕達が見た幾多の妻三郎映畫のラストは悲慘な主人公が自刃であつた。そして妻三郎への禮讃は、何人の追從も許さない彼のラストのよさであると云つたら、誤りだらうか。
>
> 龍馬は遂に兇刃に倒れた。
>
> 妻三郎獨壇場面――倒れた龍馬、起き上つた龍馬まろびいざる龍馬。文句は客觀化から生れる。其處には觀る者に客觀の餘裕を與へぬ主觀の燃燒があるのみ。龍馬の苦痛、呻吟はわれらの轉々反側、妻三郎の演技は正しく神技に近い（ＡＢＣ「龍馬觀賞記」『阪妻畫報』一九二八年七月号、四九頁）。

宣伝性が濃厚な言説とは言え、『坂本龍馬』の主人公の、同時に剣劇映画の花形《阪妻》の痙攣する身体が、昭和初年当時、メロドラマ的に見事に機能した事実を立証する。鷲谷花「撮影所時代の『女性アクション映画』」（四方田犬彦／鷲谷花編『戦う女たち　日本映画の女性アクション』［作品社、二〇〇九年］、二〇頁 - 五五頁）、特に一九二〇年代の剣劇映画における男性主人公の殺陣の官能性とジェンダーの「乱れ」を指摘した四〇頁 - 四四頁も示唆に富む。

37 一般的な理解では、昭和初年の幕末映画も影響下に置く古典的ハリウッド映画の約束事では、登場人物がカメラを見詰めるのは禁忌である。とは言え、古典的ハリウッド映画を定義づけた映画学者は、「完璧な正面性――例えばカメラへの直接的な語り掛け――は珍しい」と指摘する（David Bordwell, Janet Staiger, and Kristin Thompson, *The Classical Hollywood Cinema: Film Style & Mode of Production to 1960* [London: Routledge, 1985] 52）。実際、「正面性は観客に向けての非常に重要な手掛かりになる」（David Bordwell, Janet Staiger, and Kristin Thompson, *The Classical Hollywood Cinema: Film Style & Mode of Production to 1960* [London: Routledge, 1985] 52）と議論が展開される通り、古典的ハリウッド映画の約束事の影響下であれ、登場人物のカメラ目線、またはカメラに視線を送るように見える瞬間はただ「珍しい」のであり、特に物語のメロドラマ的な転回点では、しばしば彼らはカメラに正対したはずである。事例を挙げよう。「一枚岩の古典的ハリウッド映画」（加藤幹郎『日本映画論一九三三‐二〇〇七　テクストとコンテクスト』［岩波書店、二〇一一年］、七頁）である『陽気な踊子』（*The Matinee Idol*、一九二八年）と、一九三〇年代の上海映画史の豊穣を象徴する女性メロドラマであり、やはり古典的ハリウッド映画の約束事に影響を受けた『女神』（『神女』、一九三四年）である（William Rothman, "*The Goddess*: Reflections on Melodrama East and West," *Melodrama and Asian Cinema*, ed. Wimal Dissanayake [Cambridge: Cambridge UP, 1993] 61）。

日本映画界が幕末映画の大流行に沸く一九二八年公開の『陽気な踊子』では、ブロードウェイの人気者ドン・ウィルソン（ジョニー・ウォーカー）と田舎廻りの一座の娘役ジンジャー・ボリバル（ベッシー・ラヴ）の恋物語、すなわちメロドラマ的な異性愛の成就と家族的紐帯の構築が描かれる。とは言え、メロドラマ論の先達による、「喜劇は意志疎通上の問題や誤解とその結果に関連」し、「メロドラマは表現力に関わる」（Peter Brooks, *The Melodramatic Imagination: Balzac, Henry James, Melodrama, and the Mode of Excess* [New Haven: Yale UP, 1995] 57）との主張に鑑みれば、ひとまず本作は喜劇を基調に展開する。ドンと演劇仲間は遊び半分にジンジャーの一座をブロードウェイに招聘し、臭味を放つ彼らの三文芝居を肴に、大劇場の洗練された観客の笑いを取ろうと画策する。ここでは、一座の力量が正当に評価され、ブロードウェイ進出の機会を掴んだと欣喜するジンジャーたちの、並びに彼女の一座の新入り役者ハリー・マンが、実際にはドンの一人二役とは知らないための「誤解とその結果」が物語を前進させる。とは言え、物語の終盤に至り、喜劇性はメロドラマ性に凌駕される。ブロードウェイの晴れ舞台で熱演を続けるジンジャーは、ドンの仲間に担がれたとも知らず、精一杯の一座に馬鹿笑いで報いる観客たちに対し、怒りの抗議を繰り広げる。

この間抜け、何がおかしいのよ?これは喜劇ではないのよ!

客席に正対したジンジャーは、同時にカメラにも正対する。にもかかわらず、客席の空気は相変わらず、ジンジャーは幕内に逃げ戻る。とは言え、ジンジャーの絶叫「これは喜劇ではないのよ!」は、まさに言葉通り、『陽気な踊子』から喜劇性を払拭させる。重要なのは、ジンジャーのカメラ目線が、ジンジャーに怒りの「表現力」を付与する点である。言い換えれば、彼女のほとんどカメラを見詰めての絶叫が、喜劇からメロドラマへの基調の移行を指標づけると同時に、ドンの仲間に一杯食わされたジンジャーの「犠牲者」性が焦点化されるのである。すでに憎からず思い合うジンジャーとドン／ハリーは、「誤解とその結果」を物語の牽引車に持たないメロドラマ性の支配を受けつつ、恋情に「表現力」を得たように、幸福な結末に邁進する。

これに対し、『女神』の物語の基調はメロドラマ、さらに言えば、最愛の一人息子（黎鑑）に初等教育を施すため、社会的偏見の只中に悪戦苦闘を重ね、最後には殺人を犯すに至る悲運の売春婦（阮玲玉）を描いた母物メロドラマである。本作では、先行研究がヒロインの「情動の二つの途方もない爆発」（William Rothman, "*The Goddess*: Reflections on Melodrama East and West," *Melodrama and Asian Cinema*, ed. Wimal Dissanayake [Cambridge: Cambridge UP, 1993] 65）と形容した物語の転回点に対応するように、二度ヒロインのカメラ目線が挿入される。第一のカメラ目線は、ヒロインの生業に関する卑劣な密告を受け、愛息の通う学校の校長（李君磐）――最後に校長は、殺人罪で収監されたヒロインのため、残された愛息の養育を引き受け、家族的紐帯のメロドラマ的な再構築に重要な役割を果す――が慎ましい母子家庭を訪ね、学校の体面を守るため、愛息の除籍を宣告する場面である。ヒロインは校長に対し、激越に抗議する。

ええ、先生の言われる通りです。しかし私は、息子を養う生活の資を得るため、これ［売春］をしたのです。恥ずべ

き所業とは承知の上です。私は彼を愛し、彼は私の生命なのです！（英語字幕重訳）

このとき、ヒロインはカメラ目線を持続する。言い換えれば、カメラの視線が校長の視線に見立てられる。ヒロインの真情に啓示を受けた校長は、彼女を擁護する立場に変わり、最終的には愛息の養育を引き受ける。カメラ目線が家族的紐帯のメロドラマ的な再構築を招来するのである。

第二のカメラ目線は、半狂乱のヒロインが不幸な殺人を犯す場面に使用される。自身と愛息のささやかな幸福を搾取する悪漢（章志直）の頭上に、ヒロインが酒瓶を振り下ろす箇所では、彼女はカメラ自体を見詰め、カメラ自体に酒瓶を叩きつける。「妥協の余地のない対立項としての善悪の闘争」（Peter Brooks, *The Melodramatic Imagination: Balzac, Henry James, Melodrama, and the Mode of Excess* [New Haven: Yale UP, 1995] 36）の瞬間を、ヒロインのカメラ目線が強調する。第一の場合と同様、カメラ目線がメロドラマ的な転回点を指標づけるのである。

38　行友李風『維新情史・月形半平太』、北條秀司編『行友李風戯曲集』（演劇出版社、一九八七年）、二三六頁‐二三七頁。

39　この誓言には、被占領期の幕末＝明治維新表象を巡る重要な逸話が残る。早稲田大学演劇博物館の企画展に際し、特に刊行された拙論「新国劇の映画学　問題の所在を探る」（児玉竜一監修／拙編『寄らば斬るぞ！新国劇と剣劇の世界』［早稲田大学演劇博物館、二〇一四年］、四三頁‐四五頁）より、新国劇に関する情報を加筆しつつ、以下に関連の議論を再録する。

新国劇（一九一七年‐八七年）は俳優澤田正二郎を座頭に結成され、澤田没後は門下の島田正吾・辰巳柳太郎が牽引した劇団である。澤田は翻訳劇や翻案劇、歴史劇や社会劇、宗教劇や伝記劇、新派劇や歌舞伎など、驚くほど多彩な演目に果敢に挑戦したが、やはり劇団を象徴する演目は『国定忠治』や『維新情史・月形半平太』などの剣劇である。とは言え、後者は被占領期の上演に際し、改題の必要に迫られた。ある文芸部員は回顧する。

戦後、アメリカの検閲がきびしかった頃［…］尊王攘夷は許されなかった。王政復古など、とんでもない話。私は、何んども脚本のことで、検閲部には足を運んでいたお蔭で、「開国情史月形半平太」なる題名の脚本を提出した。固く殻を閉ざす日本に、開国の条理をとく月形である。月形最后の言葉、「死して護国の鬼となる」のセリフは「死して開国の礎（いしづえ）となる」で、開国の烈士月形半平太は死んでいった（金子市郎「月形半平太について」、新橋演舞場一九七三年二月公演筋書、二二頁）。

40　一五年戦争の敗北に続き、日本の降伏調印式が執り行われたアメリカ海軍の戦艦ミズーリ号には、約九〇年前、二度目の黒船来航時の旗艦ポーハタン号に翩翻とはためき、まさに幕末日本の開国を見届けた星数三一の星条旗が持ち込まれた（John W. Dower. *Embracing Defeat: Japan in the Wake of World War II* [New York: W. W. Norton, 1999] 40-41）。新国劇が『維新情史・月形半平太』を初演した一九一九年当時、明治維新はわずかに約半世紀前に過ぎず、歴史認識の錯綜の渦中に幕末を表象する試みは高度の政治性を帯びたはずであるが、さらに四半世紀を閲した被占領期、こうした政治性は新たな切迫感を孕みつつ、骨董品の星条旗とともに歴史の表層に回帰したのである。実際、倒幕派の志士月形の「護国」から「開国」への転向または思想的ずらしは、幕末＝明治維新の動乱に荒廃した江戸に時空間設定しつつ、戦後の銀幕に復活した鞍馬天狗（嵐寛寿郎）が戦災孤児を養育する異色作『鞍馬天狗・大江戸異変』（並木鏡太郎監督、一九五〇年）などとともに、戦前・戦中・戦後の連続性／非連続性の問題に大衆文化論の視座から接近するための手掛かりを提供する。

　ともあれ、新国劇の財産演目は戦前・戦中から戦後への転換を生き延びた。日本映画の場合も戦前以来、本家の澤田正二郎を筆頭に、河部五郎や林長二郎、阪東妻三郎や大河内傳次郎、羅門光三郎や嵐寛寿郎と、錚々たる剣劇俳優が月形役に挑戦したが、戦後は一九五二年、市川右太衛門主演『月形半平太』（内出好吉監督）より銀幕に復活する。映画史や文化史の先達も教える通り、検閲者が時代劇を封建制度の悪しき遺産と見なし、製作を制限した被占領期には、市川のような時代劇一筋の花形も現代劇に活路を求めたが、一九五〇年頃からは旧に復し始め、日本の主権回復とともに時代劇の黄金期が再来する。一九五二年から一九五五年にかけ、島田正吾・辰巳柳太郎を中心に、当時の新国劇座員が顔を揃える時代劇が大手映画各社で連続的に製作された背景には、こうした日本映画界を巡る風向の変化も関与したはずである。

石田民三監督の幕末映画『花ちりぬ』（一九三八年）が興味深いのは、元治元（一八六四）年の蛤御門の変を背景に、京都の花街祇園に巻き起る事件を描く際、空間を祇園のお茶屋の一軒に、また登場人物を女性たち、すなわちお茶屋の女将とみ（三條利喜江）とヒロインである一人娘あきら（花井蘭子）、二人の周囲の芸妓や舞妓などに限定したためだけには止まらない。同じく重要なのは、森本薫の脚本の以下の箇所である。

六七　廊下

あきら出て来て［新撰組に拉致される母親を］悲痛な顔で見送る。

あきら　おかはん、おかはん、おかはん。

遂に泣き崩れる。

あきらがカメラから下へ切れた奥の方から［芸妓］種八、玄関の方を見つめ乍らフラフラと出て来る。

よき所で立ち止る。

あらゆるものへの反抗が爆発する。

種　八　畜生！あたし達あ何だい、え、人間じゃないのかい、何うしろって云うのさ

（森本薫『花ちりぬ』脚本、『森本薫全集』第三巻［世界文学社、一九五三年］、一五七頁）。

情夫に搾取される芸妓種八（水上怜子）とともに、あきらが情動を「爆発する」模様は、映画的テクストでも、二人の女性がカメラに対し、台詞を発するように演出される。昭和初年の幕末映画の約束事を逆手に取るように、ヒロインの男性中心主義への抵抗という、典型的に女性メロドラマ的なカメラ目線を織り込んだ点が独自である。

41　北川冬彦『尊王攘夷』時評、『キネマ旬報』一九二七年一〇月二一日号、六九頁。

第二章　生れ故郷の『沓掛小唄』

股旅映画の誕生と一九二九年の日本映画史

やくざ物がはびこつたのは、時代劇が現代劇に
近附かうとする一つの手段から出たからだ。
井上　金太郎[1]

第一節　普遍性と特殊性

日本映画のメロドラマ的想像力という問題を設定したとき、劇作家＝小説家長谷川伸の文学を霊感の源泉に持つ股旅映画、すなわち江戸後期から明治維新までの博徒や無法者を描く映画は、第一章の幕末映画以上に、格好の研究課題のように見える。映画学の先達がメロドラマ論の文脈に言及した多様な問題機制――メロドラマ的想像力の「国産の文化的形式」である合衆国西部劇[2]、「浪花節的・メロドラマ的な情緒の世界」である東映任侠映画[3]、「日本の伝統的な大衆メロドラマ」である歌舞伎[4]――との緊密な間テクスト性に鑑みても、股旅映画が近代日本のメロドラマ的想像力の核心を占めるのは間違いない。実際、メロドラマの概念に言及し得るか否かを別に、長谷川伸を議論する試みは、多分にメロドラマ論の様相を呈する。ある宗教学者の著書の惹句は、「終生、アウトローや敗者の視線を持ち続け、日本人のこころの奥底に横たわる倫理観、道徳感覚に光を当てた［長谷川］作品を読み直し、現代の日本人に忘れ去られた『弱者へのヒューマニズム』『含羞を帯びた反権力』の生き様を考察」しようと呼び掛ける[5]。ある社会学者は股旅映画の論文に「映画を見ることと暮らしの倫理性」との副題を付す[6]。第一章に見たメロドラマの定義、近代的人生が前向きに生きるに値するとの信念を大衆に教育するイデオロギー装置との定義に鑑みれば、これらの言説が図らずもメロドラマ論の問題意識と共振するのは、「生き様」や「暮らし」などの言い回しからも明白である。

とは言え、先行研究を精読した場合、議論が一面的に過ぎるのは否めない。実際、メロドラマ論の成否は複眼的思考の有無に左右される。ある英文学者は主張する。

メロドラマの最善の理解とは、原型的・神話的な信念と、特定の文化的・歴史的状況に対する時代特有の反応との、結合体と見ることである。この二つの要素を弁別することで、私たちは原型的なるものの現在進行形の力を見、感じる一方、その訴求力を限定する、時代に束縛された要素を理解することもできる。[7]

「原型的・神話的な信念」を普遍性、「文化的・歴史的状況に対する時代特有の反応」を特殊性と呼べば、股旅映画に関する従来の言説は、普遍性のみに身を寄せた嫌いがある。言い換えれば、特殊性を等閑視した嫌いがある。

古典的評論『長谷川伸論』を事例に挙げよう。文庫版の惹句「『瞼の母』『一本刀土俵入』など見捨てられた者の悲哀と意地を描き、同時代の庶民に圧倒的に支持されてきた大衆文学の巨匠長谷川伸。その核心にある義理人情を分析し、生活者のモラルを問い詰め、日本人の情感の根源に迫る[8]」が示す通り、メロドラマ論とも問題意識を共有し得る同書では、著者は一九三〇年前後に確立された股旅映画の人気の背景に、「農村から都会への人口移動の急速な進展」に伴う「道徳的危機意識」を見る。[9] とは言え、そもそも映画が近代の産物であれば、国籍を問わず、事実上全ての、少なくとも古典期以前の商業映画は近代化の趨勢と相関したはずである。この事実を看過した結果、『長谷川伸論』は砂上の楼閣と化す。前掲の議論を含む章「ウィリアム・S・ハートと股旅[10]」を踏まえ、続く章が「スタンバーグ、チャップリン、ベルイマンと人情[11]」と題されるとき、近代化の経験を共有する世界各国の商業映画には類似性、すなわち「良き伴侶を痛切に求める」主題、あるいは「流民〔…〕が自分の安住の場を心から求める」主題が見て取れるとの大雑把な議論に帰着せざるを得ないのは、[12] もはや時間の問題である。

『長谷川伸論』の弱点は普遍性と特殊性に対する配慮の不均衡と言える。実際、汎世界的な近代化と「良き伴侶」や「安住の場」への憧憬、すなわち異性愛の成就と家族的紐帯の構築を通じたメロドラマ的な自己実現という普遍的主題を連結しただけでは、一九三〇年前後の股旅映画を近接する商業映画、例えば当時の日本で大衆的な人気を得た松竹メロドラマなどから説得的に差異化し切れない。普遍性を再分節する股旅映画の特殊性の検討が喫緊の課題なのである。こうした問題意識の下、本章は長谷川伸原作の股旅映画『沓掛時次郎』（辻吉朗監督、一九二九年）を再検討する。『沓掛時次郎』は日本映画史上の最初の股旅映画である[13]。それゆえ、本作の製作から公開に至る過程は、そのままメロドラマ的な普遍性と特殊性の折衝の過程を開示し得る。本作の周囲には、メロドラマの普遍的主題——第五節に記す通り、本作の主人公は疑似的な核家族の構築に全身全霊を賭けた博徒である——が股旅映画に再分節される際の、特殊性の介入の痕跡が残るはずである。この点に『沓掛時次郎』を巡る映画史的考察の重要性を認め得る。『沓掛時次郎』を公開当時の日本映画界の状況に即しつつ分析し、股旅映画の誕生に関与した特殊性を同定するのが、本章の目論見である。

第二節　第三の境界線

議論の核心に踏み込むに先立ち、『沓掛時次郎』が公開された一九二九年の日本映画界の状況を整理し、本章の視野を絞り込みたい。既成の日本映画史は、一九二九年を二本の境界線と関連させせつつ記述する。一本目は『斬人斬馬剣』（伊藤大輔監督）や『都会交響楽』（溝口健二監督）など、マルクス主義に味つけされた傾向映画の大流行に伴う労資間の境界線であり、二本目は映像＝音響の同期化技術の商業化に伴う、発声映画と事後的に無声と形容される映画の境界線である[14]。とは言え、本章が着目するのは、従来の議論が言い漏らした第三の境界線、すなわち日本映画界を歴史的かつ構造的に二分する時代劇と現代劇の境界線である。

日本映画史の通説では、時代劇は歌舞伎などを源流に持つ旧派映画に、現代劇は新派劇などを源流に持つ新派映画に、それぞれ端を発し、また旧派／新派という日本映画初期の二分法から、時代劇／現代劇という古典期の二分法への移行は、純映画劇運動などの多様な展開にも後押しされつつ、関東大震災（一九二三年）前後から昭和初年までに完了したと理解される[15]。実際、『世界映画大事典』は旧派映画を「純映画劇化される以前の日本の時代劇の呼称[16]」、新派映画を「明治から大正にかけての現代劇映画の呼称[17]」と定義する。とは言え、事態は複雑である。明治維新以前という旧派映画の時間設定を時代劇がそのまま継承し得たのに対し、明治・大正期に明治・大正期という《現在》を描いた新派映画と、昭和初年に昭和初年という《現在》を描く現代劇は、原理的に時間設定を共有し得ないからである。結果的に、時代劇／現代劇の二分法が制度化すると同時に、明治維新以前に時間設定された時代劇と、昭和初年の《現在》に時間設定された現代劇の狭間に、明治・大正期の特殊性を刻印された新派の世界が宙吊される。明治・大正期の表象は現代劇の守備範囲か、または時代劇の守備範囲か。現代劇から落後した新派の世界は時代劇に吸収されるべきか。そもそも、なぜ二分法は必要なのか。この際、二分法自体を解消する方向へと日本映画界は前進し得ないのか。一九二九年の時代劇／現代劇間の境界線の問題化は、初期から古典期への認識論的移行——無論、境界線の問題化には、第一章に見た、幕末＝明治維新という境界線上に時間設定された幕末映画の、一九二八年前後の大流行も関与したはずである——の過程で、日本映画界が必然的に直面した決定的な課題の所在を指し示す。

言い換えれば、昭和初年の日本映画界は、明治維新以前を描く旧派／以後を描く新派の一重基準の二分法から、明治維新以前を描く時代劇／常時更新される《現在》を描く現代劇の二重基準の二分法への歴史的移行を完了させつつある。こうした特殊的状況は、股旅映画の誕生に如何に関与したのか。第三節ではまず、一九二九年の日本映画界における、時代劇／現代劇間の関係性の政治学を仔細に検討したい。

第三節　散切映画への関心

［一九二八］年の『開化異相』が割合に面白く行きましたから、もうちつとざんぎり物の研究をするつもりでゐます。所謂明治物をやりたいのです。

明治初年の世態からはじまつて、日露戰爭あたりまでの時代をやつて見たいのですが、明治三十年以後になると、殆んど現代劇に近づくので、そのアレンジを目下考へてゐます。好い考へがつき次第まとめ上げるつもりです。[18]

剣劇映画の花形阪東妻三郎が、新しい一九二九年に対する抱負を記した一節は、前節に触れた日本映画史の通説、すなわち時代劇は歌舞伎や旧派映画を、現代劇は新派劇や新派映画を、それぞれ起源に持つとの通説を動揺させる。実際、阪東の構想の大胆さは、新派劇や新派映画に決定的な霊感を与えた明治家庭小説、例えば徳冨蘆花『不如帰』（『国民新聞』、一八九八年 - 九九年）からも理解し得る。周知の通り、『不如帰』では一八九四（明治二七）年から翌年までの日清戦争がメロドラマ的な転回点[19]——主人公の海軍軍人川島武男が日清戦争に出征中、彼の最愛の伴侶浪子は結核を理由に離縁を強制される——を構成する。[20]それゆえ、時代劇／現代劇間の境界線を日露戦争（一九〇四年 - 〇五年）前後に引き寄せるという阪東の提案が日本映画界に好意的に受容された場合、現行の日本映画史が現代劇の源流と見なす新派の世界もまた、時代劇に編入された可能性も生じる。実際、一九二九年には、阪東とは逆の発想、すなわち時代劇／現代劇間の境界線に変更は加えず、原作の時間設定の変更を通じ、新派の世界を時代劇に組み込む試みも登場した。『不如帰』同様、新派劇や新派映画に決定的な霊感を与えた菊地幽芳『乳姉妹』（『大阪毎日新聞』、一九〇三年）が、時代劇／現代劇双方を製作する映画会社マキノで阪田重則監督『乳姉妹』に映画化され、一九二九年五月に公開された際、『キネマ旬報』は以下の時評を掲載した。「新派劇の隆盛時代の當り狂言の一つ［…］をその儘時代劇化したものであるが今となつては結局こうして扱ふよりこの作を生かす方法はあるまい、［…］新派で知られて居るものだけに一般受け

・右・
阪妻のザンギリ物「開化異相」
であります。廢刀斷髮令以後の
物凄い立廻り物。「餓鬼」を改題した犬塚稔氏の監督作品。

『開化異相』写真
出典:『キネマ旬報』1928年10月11日号、59頁。

するし、如何に時代劇化したかと云ふ興味を唆る事が出來るから得である」[21]。

とは言え、阪東の示した躊躇――「明治三十年以後になると、殆んど現代劇に近づく」――にも垣間見られる通り、時代劇と現代劇の狭間に宙吊された新派の世界が、一朝一夕に時代劇に吸収され尽すとは想像し難い。実際、一九二九年の日本映画界は、より穏当な方法を通じ、時代劇／現代劇間の関係性の再定義を模索する。すなわち、阪東も自画自賛した自身の主演作『開化異相』（犬塚稔監督、一九二八年）のような方法である。

『開化異相』は「前半を幕末とし後半を明治初年に取扱つた[22]」散切映画である。散切とは「明治初年に流行し［…］文明開化の象徴とされた」髪形を指し[23]、また散切物とは河竹黙阿弥などの歌舞伎作者が明治期に多数手掛けた、「明治初年の新風俗を採り入れた世話物」を意味する[24]。それゆえ、昭和初年に散切映画を世に問うとは、時代劇を「劍の拘束から」解き放ち、「ピストルと云ふ新しい武器に對する異つた魅力」を加味するような[25]、時代劇と現代劇との混淆性を当て込んだ試みと理解し得る。同時に、先行の芸能である歌舞伎に範例を求め得る点、時間設定を明治初年前後に限定する点などから、新派の世界全体を一息に時代劇化する場合に比べ、時代劇／現代劇間の関係性を巡る試行錯誤のより現実的な第一歩と言える。

実際、一九二九年の上半期は、「維新から明治へ、江戸から東京へ。親姉の仇を尋ね、多くの苦労を積んで終に目的を果す」主人公（市川百々之助）を描く渡辺新太郎監督『敵討道中双六』[26]、前述した河竹黙阿弥の散切物の代表作『島鵆月白浪』（東京・新富座、一八八一年）を映画化した阪田重則監督『島鵆月白浪』など、散切映画の継続的な製作・公開を見る[27]。前者の時評に残る、「劇その物には何等の新を認めるのではない。散切物は既に一種の流行であり、流行は奇とする程の價値すら持たない[28]」との評言には、一九二九年の日本映画界が早々に散切映画の供給過剰に見舞われた様子も垣間見える。

無論、こうした散切映画を巡る関心は、時代劇／現代劇間の関係性を巡る試行錯誤とも密接に関連した。この事実は当時の言説に明白である。実際、『敵討道中双六』の惹句が「時代劇現代劇の綜合的奮迅の大努力を見よ」と謳い[29]、また無名の書き手が「現代劇に於ける過去への時間的の延長は、時代劇に於ける現代への延長と同様な傾向である（其はザンギリ物などの流行を云ふのであるが）」と観察した一九二九年とは[30]、時代劇／現代劇の二分法に対し、日本映画界が如何に向き合うべきかを巡り、映画と評論双方の水準に問題が提起された一年と言える。こうした状況を把握したとき、私たちの脳裏には一編の映画が浮上する。『灰燼』（村田實監督、一九二九年）である。

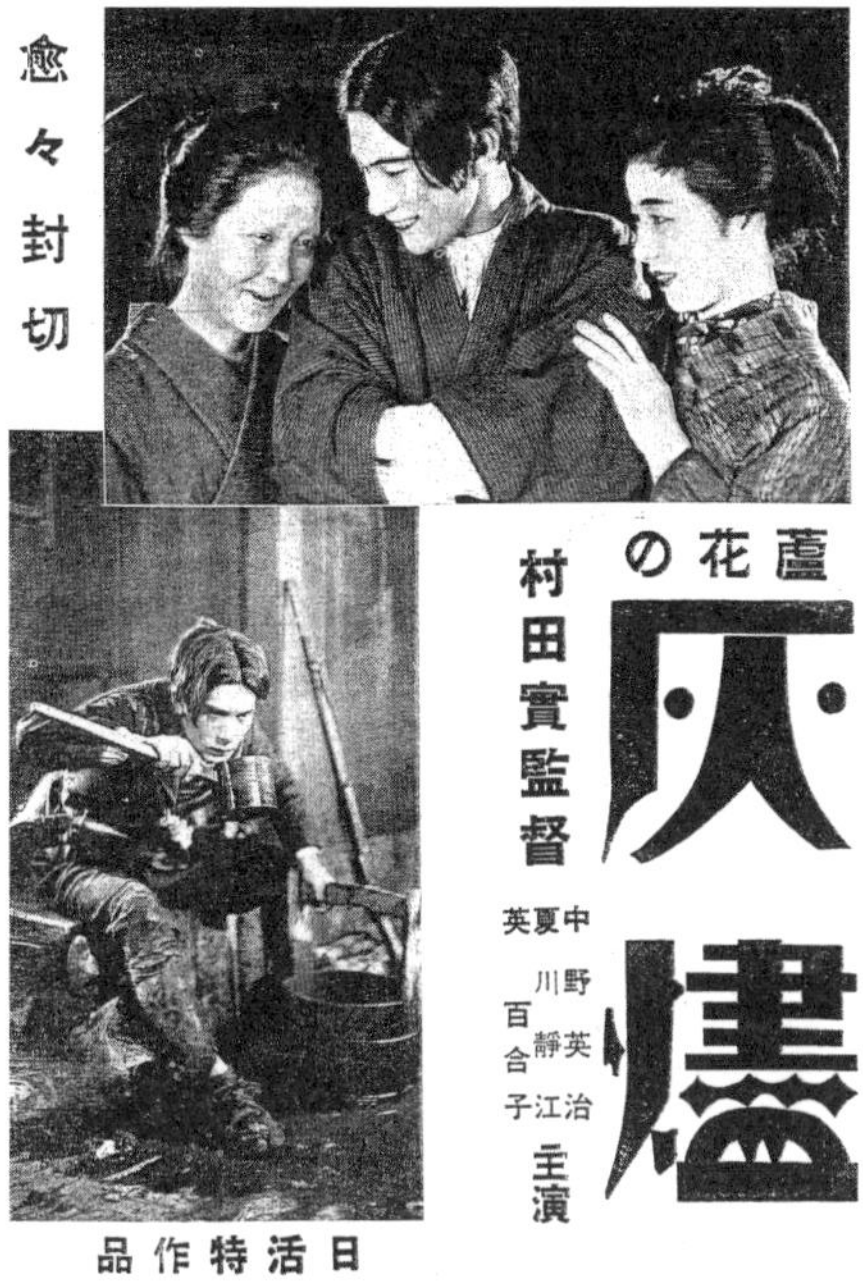

『灰燼』広告
出典:『キネマ旬報』1929年3月1日号、101頁。

大手映画会社日活が製作・公開した『灰燼』は、中野英治の主演作であり、映像は散逸したものの、映画作家村田實による無声映画の美学的達成の一例と見なされ、既成の日本映画史が常に正典に列する映画である。[31] 反面、忘却の淵に沈められたのは、『灰燼』が散切映画の定義を満たし得る事実である。第一に、一八七七（明治一〇）年の西南戦争が物語の背景――旧家の三男上田茂（中野英治）が西郷隆盛の反乱軍に身を投じ、政府軍に敗れ、最後に旧家も崩壊の憂き目を見る[32]――を占める時間設定の点、第二に、公開当時の言説に類型学的動揺――『キネマ旬報』時評が本作を「現代映畫」に分類したのに対し、[33]『映画評論』時評は「現代映畫を率ゆべき人材」である村田が示した「現代映畫より時代映畫への逃避」に不満を漏らす[34]――が見られる点に鑑みても、『灰燼』が時代劇／現代劇間の境界線上に位置したのは間違いない。周知の通り、村田の演出や青島順一郎の撮影、封建制度への批判的接近などの点が認められ、『灰燼』は圧倒的な好評を得る。[35] ほぼ同時に、『灰燼』の余勢を駆るかのように、日活社内では二本の企画が本格化する。『足軽三左衛門の死』（村田實監督、未完）と『沓掛時次郎』である。

第四節　脚本家如月敏

『足軽三左衛門の死』（東京・歌舞伎座、一九二八年）は、そもそもは劇作家＝小説家吉田絃二郎の三幕物の幕末演劇である。瀬戸内海の小藩の足軽が、維新の動乱に乗じようと目論むものの破滅し、母親に睡眠薬を飲まされ、絶命するまでを物語る。序幕は幕末の元治元（一八六四）年に、大詰は明治三（一八七〇）年に、それぞれ時間設定される。[36]『キネマ旬報』連載の「日本各社撮影所通信」は、本作の映画化の経過を報じる。一九二九年「二月廿四日『灰燼』を完成した」村田實は、[37] 五月二日までに「中野英治、梅村蓉子主演」による『足軽三左衛門の死』映画化を発表し、[38] 同二二日前後に「原作者吉田絃二郎氏と打合せの爲め［…］上京」するものの、[39] 翌六月二日までに企画を「辻吉朗氏に譲り［…］直ちに他の脚本を選定」し始める。[40] 興味深いのは、最終的には製作されずに終わる村田實版『足軽三左衛門の死』

が、時代劇／現代劇間の関係性を巡る『灰燼』の問題意識を継承した点――後述の通り、『灰燼』を脚色した如月敏は、この点にも自覚的である――である。すなわち、日活は「現代映畫を率ゆべき」監督の村田以下、撮影の青島順一郎、主演の中野英治による『灰燼』主軸の顔触れをそのままに、[41]『灰燼』の西南戦争から『足軽三左衛門の死』の明治維新に、時間設定を一〇年ほど遡及させ、時代劇／現代劇間の関係性を巡る試行錯誤に再挑戦を試みたのである。

それでは、本章の主題である『沓掛時次郎』は、日活が相前後しつつ企画した『灰燼』や『足軽三左衛門の死』と、さらには時代劇／現代劇間の境界線を巡る日本映画界の動向と、如何なる関係を取り結ぶのか。鍵を握るのは、映画関連の随筆にも健筆を揮いつつ、『灰燼』と『沓掛時次郎』双方に脚本を提供した如月敏の作家性である。

脚本家如月敏の経歴は、一九二七年公開の日活映画『新婚行進曲』（伊奈精一監督）に遡る。本章が着目する一九二九年には、前年の日活映画の脚本三編に続き、同社の脚本一〇編を手掛け、作家的な地歩を固めた。『灰燼』は一九二九年公開の如月脚本の第五作、『沓掛時次郎』は第六作である。注目すべきは、『灰燼』を脚色する以前の如月が新婚物と呼ばれる現代劇に作家性を示した事実である。こうした傾向は前述の『新婚行進曲』や『御亭主改造』（伊奈精一監督、一九二八年）、『お丶妻よ』（伊奈精一監督、一九二八年）など、一連の如月脚本作の題名にも顕著である。[42]実際、脚本第六作『圓タク稼業』（木村次郎監督、一九二九年）の時評にも、「これも亦如月敏が得意の軟筆であしらふ、新婚生活描寫の家庭劇である」、あるいは「愛すべき如月敏の小品、無條件で笑へる」などの評言が残り、[43]それゆえ如月と新婚物の現代劇との強い紐帯が看取される。

こうした経歴を考慮すれば、『キネマ旬報』時評から「脚色の可成りな成功」と絶賛を受けた『灰燼』に続き、[44]如月が『沓掛時次郎』を脚色した事実の日本映画史上の重要性も鮮明化する。この場合、『沓掛時次郎』の演出に、旧派映画以来の時代劇の監督辻吉朗が起用された点にも着目すべきである。すなわち、新婚物を中心に活躍する現代劇の専門家如月に、時代劇／現代劇間の境界線上に時間設定された『灰燼』の成功を踏まえ、時代劇の専門家辻との初顔合せにより、『沓掛時次郎』を脚色させる過程、つまりは日活社内の人材配置の過程自体が、『沓掛時次郎』に時代劇／現代劇間の境界性を帯びさせるのである。

無論、このとき『沓掛時次郎』に刻印された時代劇／現代劇間の境界性は、前述の散切映画や『灰燼』、『足軽三左衛門の死』などの引き受ける境界性とは異質である。『沓掛時次郎』の時間設定は漠然と江戸期とは理解されるものの、明治維新は視界に浮上しない。[45]『沓掛時次郎』の境界性は時間設定の問題とは異なり、製作の過程で現代劇の脚本家と時代劇の監督が協働した結果の作家論的な問題である。しかし同時に、こうした境界性は当事者の問題意識と共鳴する。如月は「S兄」への手紙の形式を借りた随筆に記す。

S兄。

『沓掛時次郎』の脚色をしたからといつて、僕が現代劇から遠ざかつたやうに思はれるのは心外なのです。なる程、今迄僕は現代劇のシナリオばかり書いて來ました。そして、いつも、時代劇のシナリオなどは決して書かないといつて、今日まで時代劇嫌ひで通して來たのですから、今度『沓掛時次郎』を書いたといふことになれば、あなたには、僕の心持が判らないかも知れません。

S兄。

現代劇と時代劇の區別は、むかしは、はつきりと境界線があつて、お互ひに、それを乗り越へないやうにしてゐました。それが最近では、その區別がなくなつたのです。

『地球は廻る・過去篇』［田坂具隆監督、一九二八年］、『灰燼』も嚴密な意味からいへば時代劇と呼ばれて差支ないものであります。これらは、境界線に近い、或は丁度その線上に立つたものですが、村田實氏が目下製作中の『足輕三左衞門』は明らかにその境界線を越へてゐるものです。そればかりでなく、新しい領域に向つて飛出したもので、これはよろこぶべきことなのです。

僕は、伊藤大輔氏の時代劇を、最も推賞してゐました。氏の作品は、時代劇といつて、かたづけて仕舞ふ以外に、かくれた力――それは近代人を興奮させる――がありました。村田氏はまた一つのよろこびを与えてくれること、豫想します。

S兄。

『沓掛時次郎』を書いたからといつても、僕は時代劇に進出したといふ氣持はちつともありません。たゞ、現代劇を書く時と、同じ氣持で書いたのに過ぎない［…］。

たゞ、今まで、時代劇の脚本といふものを書いたことがないことが、この場合かへつて幸福でした。平氣で自分だけの自由な氣持で書けたからです。

S兄。

辻さんは、悦んでくれました。それがお世辞にしても、僕にはうれしかつた。これからも、僕は時代劇を書きます。けれども、むかしのやうな、そしてむかし僕が嫌つてゐたやうなものは書きたいと思いません。

今の時代の人に見せたいと思ふものを書きます。[46]

ここには、時代劇／現代劇間の関係性を巡る試行錯誤に対し、『灰燼』と『足軽三左衛門の死』と『沓掛時次郎』が共時的に関与するとの如月の認識が明白である。こうした認識は、股旅映画を誕生させた日本映画界の特殊的状況の一端を開示する。如月は、さらには如月を『沓掛時次郎』脚色に起用した日活は、旧派／新派の二分法から現代劇／時代劇の二分法への移行の渦中で、二分法自体を止揚し得る「今の時代の」映画の可能性を『沓掛時次郎』に託した。一九二九年の日本映画界は、言わば現代劇の脚本家と時代劇の監督の協働の口実（pretext）に、長谷川伸の演劇的テクストを召喚したのである。

第五節　主題歌の問題

前節では、『灰燼』や『足軽三左衛門の死』と『沓掛時次郎』との共時性を辿り直し、時代劇／現代劇間の関係性の政治学と、股旅映画の誕生との相関性を歴史的に立証した。繰り返せば、『沓掛時次郎』の境界性は、『灰燼』や『足軽三左衛門の死』に刻印された時間設定を巡る境界性とは異質の、現代劇の脚本家と時代劇の監督の協働に由来する作家論的な境界性である。とは言え、前掲の随筆が明白に示す通り、新婚物の現代劇に作家性を構築した如月敏が、時間設定の境界性と『沓掛時次郎』の境界性を相同的に把握したのも日本映画史の事実である。

無論、作家論的な境界性は、例えば『灰燼』が西南戦争の境界的な時間設定を活用したのとは異なり、映画的テクスト『沓掛時次郎』の表層に明示的な痕跡を留めない。しかし同時に、現代劇の脚本家と時代劇の監督の協働の余波が、テクスト自身に予期せぬ歪みをもたらす瞬間を、私たちは視認しなければならない。この歪みは時代錯誤の歪みであり、テクスト表層に二重焼きされた主題歌『沓掛小唄』の歌詞に化身しつつ、私たちの解釈を待ち構える。

周知の通り、『沓掛時次郎』は小唄映画の一編である。ある音楽学者は、「小唄映画とは上映に際してライブ、もしくはレコードで流行歌が歌われる無声映画のことで、大正末から昭和一ケタ代にかけて約四〇〇本製作され［…］、ライブの歌と映像を組み合わせる独自の上映方式は、無声時代からトーキーへかけての過渡的な形態として注目に値する」と主張する。[47] 別の映画学者は「形式的特徴と上映形態」を整理する。

・映画の主題を小唄の詞に取材し、その小唄を映画の適当な瞬間に挿入する。
・多くの場合、人口に膾炙した流行唄から着想を得て脚色した映画である。
・流行唄をそのまま使う場合もあれば、詞や曲を替える場合もある。
・詞は字幕画面で挿入されるか、人物や風景の画面にオーバーラップされる。

・伴奏は始終演奏するか、物語の始めと終わりなど、必要箇所で適宜演奏する。
・適当な歌手やレコードを使うか、あるいは弁士が歌って観客に唄を聞かせる。
・唄入絵葉書や楽譜、レコードなど、映画以外の媒体でも宣伝される。[48]

『沓掛時次郎』の場合、長谷川伸の演劇的テクストを原作に仰いだ点、すなわち「人口に膾炙した流行唄から着想を得て脚色」するのとは逆に、「映畫『沓掛時次郎』のために」[49]『沓掛小唄』が創作された点が異なるとは言え、基本的には前掲の小唄映画の約束事に従順である。例えば、一般的に流通するVHS版『沓掛時次郎』を見ると、『沓掛小唄』の歌詞が三箇所、「人物や風景の画面に」二重焼きされる。同様に『讀賣新聞』の『沓掛時次郎』広告は、一九二九年六月一四日の初公開時に浅草・富士館と上野・みやこ座で、同年八月九日の「納涼奉仕最近傑作映画抜映」時に神田・日活館で、『沓掛小唄』を女性歌手の羽衣歌子（富士館）、中村慶子（みやこ座）、高峰妙子（日活館）が「獨唱」すると周知する。[50] とは言え、本章が着目すべきは別の約束事である。『沓掛時次郎』以前の小唄映画は「概して現代劇」なのである。[51]

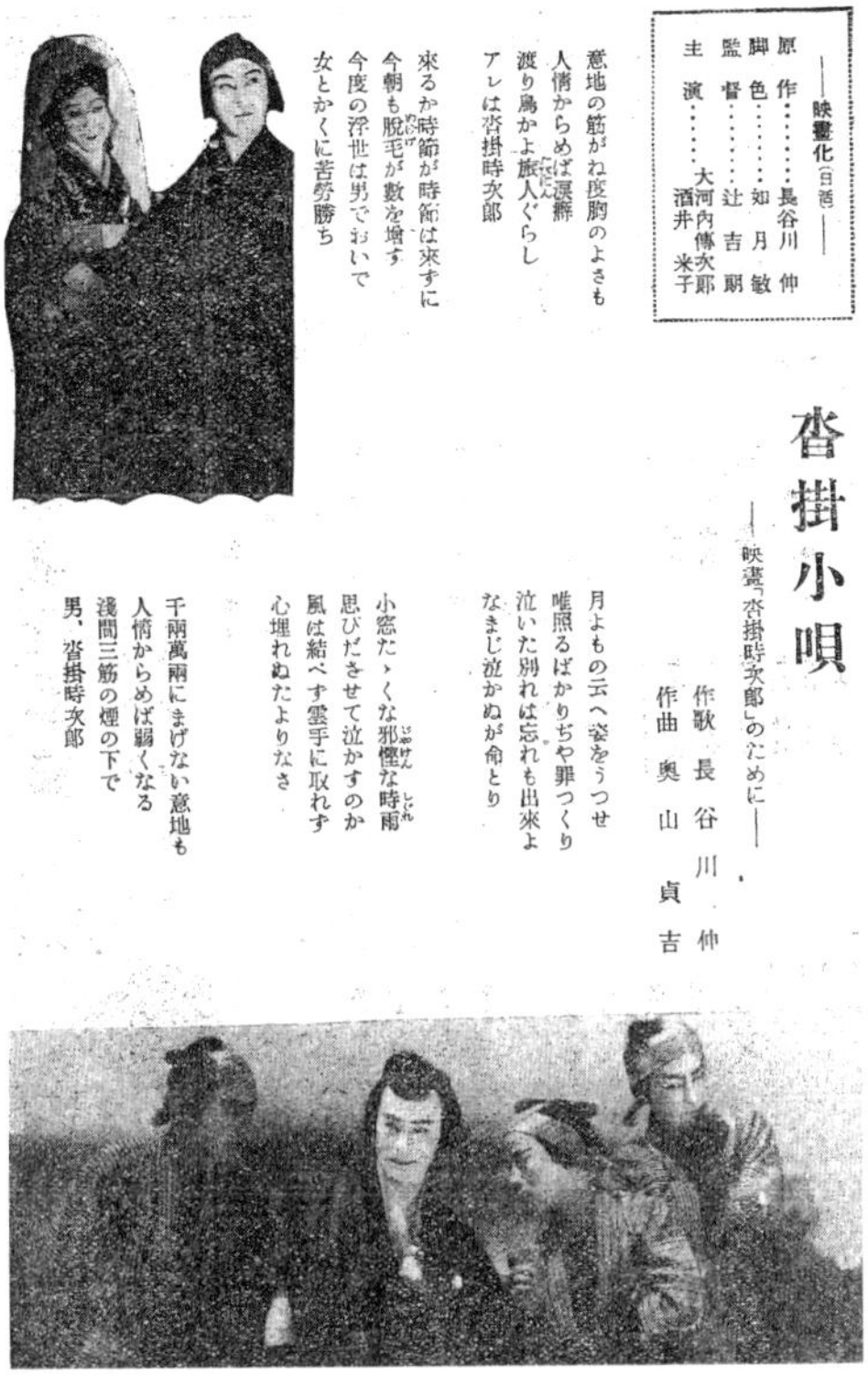
沓掛小唄

——映畫「沓掛時次郎」のために——

作歌　長谷川　伸
作曲　奥山　貞吉

月よもの云へ姿をうつせ
唯照るばかりぢや罪つくり
泣いた別れは忘れも出來よ
なまじ泣かぬが命とり

小窓たゝくな邪慳《じやけん》な時雨《しぐれ》
思びださせて泣かすのか
風は結べず雲手に取れず
心埋れぬたよりなさ

千兩萬兩にまげない意地も
人情からめば弱くなる
淺間三筋の煙の下で
男、沓掛時次郎

——映畫化（日活）——
原作……長谷川　伸
脚色……如月　敏
監督……辻　吉朗
主演……大河内傳次郎
　　　　酒井　米子

意地の筋がね度胸のよさも
人情からめば涙癖
渡り鳥かよ旅人《たびにん》ぐらし
アレは沓掛時次郎

來るか時節が時節は來ずに
今朝も脱毛《ぬけげ》が數を增す
今度の浮世は男でおいで
女とかくに苦勞勝ち

『沓掛小唄』歌詞
出典：『映画時代』1929年12月号、135頁。

実際、『沓掛時次郎』と同年、すなわち

小唄映画が「大流行」を見せた結果、映画記者により、「その定義が議論された」一九二九年公開の小唄映画とは、[52]「概して現代劇」である。この事実は、同年七月六日公開の時代劇『君戀し』（仁科熊彦監督）を巡る評言――「『君戀し』も全國を風靡した特筆さるべき流行小唄です。これも亦松竹、日活、東亞、三社の競映となりました。松竹のはレヴユー團の女王をめぐる華やかで哀切な物語、日活は京都情調のうちにこの曲の持つ味ひを融和したもの、東亞は多少遲れ走せではあつたが、これを時代劇にとり入れて、成否はともかく、その奇抜さにあつと云はせたものでした」[53]――からも逆照射される。それゆえ、江戸期に時間設定された『沓掛時次郎』の小唄映画化は、メロドラマ（melodrama）と音楽（melody）の歴史的親和性には還元し切れない、時代劇／現代劇間の越境と見なし得る。[54]とは言え、小唄映画の約束事の応用が誘発する『沓掛時次郎』の歪みは、類型間の単純な越境とは片づけられないほどに深刻である。『沓掛時次郎』の主題歌『沓掛小唄』は背景音楽に甘んじず、主人公沓掛時次郎（大河内傳次郎）の台詞「生れ故郷の『沓掛小唄』」が明示する通り、物語世界内に侵入を果すからである。

　原作である長谷川伸の演劇的テクスト『沓掛時次郎』（東京・帝国劇場、一九二八年）の物語――細部に若干の異同は見られるものの、物語の骨子は基本的に映画も同様である――を整理しよう。沓掛時次郎と呼ばれる流れ者の博徒が、博打打同士の義理に絡まれ、六ツ田の三蔵と呼ばれる博徒を殺害する。瀕死の三蔵に妻おきぬと幼い息子太郎吉の行末を託された時次郎は、彼らと旅に出る（序幕[55]）。時次郎とおきぬは門付け――「人家の門口に立ち、音曲を奏したり、芸能を演じたりして金品を貰い歩く」生業[56]――を始め、細々と堅気の生活、すなわち擬似的な核家族の構築を通じたメロドラマ的な自己実現へと踏み出すものの、おきぬは亡き三蔵の忘れ形見の出産が迫る（二幕目[57]）。時次郎は生活を支えるため、博打打同士の喧嘩に雇われるが、時次郎の生還を待たず、おきぬと嬰児は他界する。残された時次郎は太郎吉を連れ、再び旅に出る（大詰[58]）。このうち、本章が着目するのは第二幕「中仙道熊谷宿裏通り」である。

　上記の通り、『沓掛時次郎』第二幕では、時次郎とおきぬが門付けで生計を立てる様子が描かれる。このとき、歌い手の時次郎が披露する曲目は、時次郎自身の台詞によれば、「俺の故郷の追分節」である。[59]脚本家如月敏は映画化に際し、

第二幕に相当する場面に先立ち、時次郎がおきぬと太郎吉に歌を聞かせる「寒い月夜の道」の場面を加筆するが、やはり曲目は時次郎の「生れ故郷の信州小諸の追分節」である。[60] にもかかわらず、完成した映画の問題の場面では、時次郎は「生れ故郷の『沓掛小唄』」を歌い、同曲の歌詞もテクスト表層に二重焼きされる。このとき、小唄映画『沓掛時次郎』に巣食う時代錯誤の歪みが前景化する。江戸期の博徒が昭和初年に創作された『沓掛小唄』を「生れ故郷の」歌と呼び、さらに口ずさむからである。

この場合、時次郎の歌う曲目が、長谷川伸の原作や如月敏の脚本の指定する民謡『追分節』であれば、近世音楽史的に厳密な時代考証を要求しない限り、歪みの感覚は生じないはずである。にもかかわらず、「概して現代劇」である小唄映画の約束事を時代劇に越境的に移植し、さらには製作のある段階で、新たに創作した主題歌を主人公自身に歌わせる演出へと踏み込んだために、『沓掛時次郎』は時代錯誤の歪みを抱える。公開当時の《現在》の音楽を物語世界内に導入し、違和感を生じさせない現代劇と、明治維新以前に時間設定された時代劇との間の越境の綻びが、小唄映画の約束事から露呈するのである。[61]

無論、現代劇の脚本家如月敏が『沓掛時次郎』を脚色するテクスト外部の越境と、昭和初年に作詞・作曲された主題歌が物語世界内に歌われるテクスト内部の越境とを、安易に因果論的に結ぶのは早計である。実際、長谷川伸の原作同様、如月脚本も民謡『追分節』を選択した以上、如月は曲目の変更に積極的には関与しないと推定するのが自然である。しかし同時に、テクストの内外に並走する越境が、『沓掛時次郎』が時代劇／現代劇間の境界線上に位置したとの解釈を相補的に補強するのも事実である。二件の境界侵犯の併起を通じ、最初の股旅映画『沓掛時次郎』と一九二九の日本映画界の特殊的状況、すなわち時代劇／現代劇間の関係性を巡る多様な試行錯誤との相関性が強まるのである。

第六節　境界性の再利用

本章では、日本映画史上の最初の股旅映画『沓掛時次郎』と、本作が製作・公開された一九二九年の日本映画界を賑わす、時代劇／現代劇間の境界線を巡る試行錯誤との相関性を検証し、股旅映画の誕生に関与する特殊的状況を把握した。具体的には、新婚物の現代劇に健筆を揮う脚本家如月敏が本作に起用された点、基本的に現代劇が構築した小唄映画の約束事を時代劇に応用し、結果的に音楽史的な時代錯誤の歪みが誘発された点に、股旅映画の誕生を準備した特殊的状況の痕跡が認められると結論した。

第二節に整理した通り、『沓掛時次郎』公開の一九二九年とは、日本映画初期の旧派／新派の二分法から古典期の時代劇／現代劇の二分法への構造的移行を、日本映画界が完了させつつある一年である。言い換えれば、明治維新以前／常時更新される《現在》の二重基準の二分法が、明治維新以前／以後の一重基準の二分法を置換しつつ、同時に時代劇／現代劇間の関係性が再検討された一年である。日本映画史上の決定的な転回の渦中に生を享けた申し子が股旅映画なのである。

新たに制度化された時代劇／現代劇の二分法は、一見、一九六〇年代までのスタジオ・システム下を通じ、堅固に守られ続けたように思われる。とは言え、本来的に全ての商業映画は公開当時の《現在》の観客に照準を設定せざるを得ない。それゆえ、時代劇と常時更新される《現在》に時間設定された現代劇の関係性も、やはり間歇的に更新されざるを得ない。実際、早くも一九三〇年代、明朗性を謳う時代劇の新潮流には髷をつけた現代劇との境界的な呼称が与えられたはずである。同様に、スタジオ・システム末期の一九七〇年前後には、「髷をつけない時代劇[62]」の東映任侠映画が時代劇の世界を吸収しつつ徒花を咲かせ、結果的に時代劇／現代劇間の関係性を巡る再度の転機を画したはずである。

興味深いのは、こうした時代劇／現代劇間の関係性の更新を企図する試行錯誤が、しばしば股旅映画の（再）利用と連動した事実である。上記の明朗時代劇を牽引した映画作家稲垣浩と山中貞雄が、それぞれ長谷川伸の股旅文学の映画化——前者は『瞼の母』（一九三一年）や『一本刀土俵入』（一九三一年）、後者は『磯の源太・抱寝の長脇差』（一九三二年）や『小判しぐれ』（一九三二年）——を通じ、批評的名声を確立した事実、また東映任侠映画が長谷川伸文学を霊感の源泉に据えつつ、明治・大正期から昭和初年に物語の時間設定を引き寄せた事実は、周知の通りである。[63] 第三章に一五年戦争下の幕末映画を分析するのに続き、第四章は古典期の終わりの始まりに製作された股旅映画『いれずみ半太郎』（一九六三年）のテクスト分析に挑戦したい。

註

1 「日本映画の将来を語る　映画作家八人を擁して」『キネマ旬報』一九三五年九月一日号、一七〇頁。

2 Maureen Turim, "Psyches, Ideologies, and Melodrama: The United States and Japan," *Melodrama and Asian Cinema*, ed. Wimal Dissanayake (Cambridge: Cambridge UP, 1993) 158.

3 斉藤綾子「高倉健の曖昧な肉体」、四方田犬彦／斉藤綾子編『男たちの絆、アジア映画　ホモソーシャルな欲望』（平凡社、二〇〇四年）、八七頁。

4 岩本憲児「解題」、岩本憲児ほか編『「新」映画理論集成　①歴史／人種／ジェンダー』（フィルムアート社、一九九八年）、四三頁。

5 『義理と人情　長谷川伸と日本人の心』紹介、山折哲雄、新潮社公式HP〈http://www.shinchosha.co.jp/book/603689/〉。なお、第一章に批判した『時代劇映画の思想　ノスタルジーの行方』同様、本書にも問題点が散見される。例えば、『瞼の母』大詰の異本に記された、主人公の博徒が母親との和解に臨む心理を表現した「虚無の心」（長谷川伸『瞼の母』『長谷川伸全集』第一五巻［朝日新聞社、一九七一年］、三五頁）に対し、著者は国語辞典の二番目の意味「世の中の真理や価値、また人間存在そのものが、空虚で無意味であるような状態」（「虚無」『言泉』［小学館、一九八六年］）、すなわち虚無主義（nihilism）に通じる意味を適用し、一般的に虚無主義的と理解される中里介山の長編小説『大菩薩峠』（『都新聞』ほか、一九一三年－四一年）との共時性を主張する（山折哲雄『義理と人情　長谷川伸と日本人の心』［新潮社、二〇一一年］、

6 長谷正人「長谷川伸と股旅映画　映画を見ることと暮らしの倫理性」、十重田裕一編『横断する映画と文学』（森話社、二〇一一年）、二四五頁‐七〇頁。

三五頁‐四五頁）。とは言え、ここでの博徒は恩讐、すなわち序章に引用した母親との恨みの対話の彼方に、家族的紐帯の再構築をメロドラマ的に決意するのであり、それゆえ「虚無の心」の解釈には、国語辞典の四番目の意味「心にわだかまりがなく、何物にもとらわれず虚心である」（「虚無」『言泉』〔小学館、一九八六年〕）を適用するのが最も自然である。

7 Martha Vicinus, "'Helpless and Unfriended': Nineteenth-Century Domestic Melodrama," *New Literary History* 13.1 (1981) : 128.

8 『長谷川伸論　義理人情とは何か』紹介、佐藤忠男、岩波書店公式ＨＰ〈http://www.iwanami.co.jp/search/index.html〉。

9 佐藤忠男『長谷川伸論　義理人情とは何か』（岩波書店、二〇〇四年）、一四五頁‐四六頁。

10 佐藤忠男『長谷川伸論　義理人情とは何か』（岩波書店、二〇〇四年）、一二九頁‐五〇頁。

11 佐藤忠男『長谷川伸論　義理人情とは何か』（岩波書店、二〇〇四年）、一五一頁‐七二頁。

12 佐藤忠男『長谷川伸論　義理人情とは何か』（岩波書店、二〇〇四年）、一六〇頁。

13 実際、長谷川伸自身の回想によれば、「股旅物」の呼称が登場を見たのは、長谷川の演劇的テクスト『股旅草鞋』（東京・本郷座／大阪・浪花座）――初演は『沓掛時次郎』公開（一九二九年六月一四日）直前の一九二九年五月――が発端である（長谷川伸『材料ぶくろ』『長谷川伸全集』第一一巻〔朝日新聞社、一九七二年〕、三六九頁）。因みに、古典期を通じ、『沓掛時次郎』は最低七回、再映画化された。原作通りの題名では計五回（辻吉朗監督、一九三二年／衣笠貞之助監督、一九三四年／西原孝監督、一九三六年／佐伯清監督、一九五四年／池広一夫監督、一九六一年）、別の題名では『浅間の鴉』（田坂勝彦監督、一九五三年）および『沓掛時次郎・遊侠一匹』（加藤泰監督、一九六六年）の計二回である。また『旅路』（稲垣浩監督、一九五五年）も事実上の翻案である。後年はテレビドラマでも映像化が繰り返された。

14 佐藤忠男『日本映画史』第四巻（岩波書店、一九九五年）、一七二頁‐七四頁。

15 日本映画の初期から古典期への移行を知るには、板倉史明「『旧劇』から『時代劇』へ　映画製作者と映画興行者とのへゲモニー闘争」（岩本憲児編『時代劇伝説　チャンバラ映画の輝き』〔森話社、二〇〇五年〕、八九頁 - 一一四頁）が示唆に富む。

16 田島良一「旧劇映画」、岩本憲児／高村倉太郎監修『世界映画大事典』（日本図書センター、二〇〇八年）、二七一頁。

17 田島良一「新派映画」、岩本憲児／高村倉太郎監修『世界映画大事典』（日本図書センター、二〇〇八年）、四二八頁。

18 阪東妻三郎「漠然たる不安」『映画時代』一九二九年一月号、九頁。

19 実際、新派劇の先達川上音二郎が、日清戦争に時事的に取材した演劇『壮絶快絶日清戦争』（東京・浅草座、一八九四年）、『威海衛陥落』（東京・歌舞伎座、一八九五年）に大成功を収めたように、新派の世界と日清戦争とは本来的に不可分である。川上と日清戦争の問題を知るには、兵藤裕己『演じられた近代〈国民〉の身体とパフォーマンス』（岩波書店、二〇〇五年）、一五三頁・六九頁などが示唆に富む。

20 徳冨蘆花『小説・不如帰』（岩波書店、一九三八年）。

21 山本緑葉『乳姉妹』時評、『キネマ旬報』一九二九年六月一一日号、八二頁。

22 山本緑葉『開化異相』時評、『キネマ旬報』一九二八年一二月一日号、九四頁。

23 「散切」『広辞苑』第五版（岩波書店、一九九八年）。

24 林京平「散切物」『新版歌舞伎事典』（平凡社、二〇一一年）、二一一頁。

25 池田重近『時代の反抗児』時評、『キネマ旬報』一九三〇年九月一一日号、七四頁。

26 袋一平『敵討道中双六』時評、『映画時代』一九二九年五月号、七六頁。

27 実際、一九三一年に書かれた評論にも「一昨年の所謂『サンギリ』映畫の流行」との一節が残る。評者は一九三〇年六月公開の『滅び行く武士道』（小石栄一監督）を、この「流行」の末端に位置付ける（清河広「小石栄一」『映画評論』一九三一年二月号、二八頁）。とは言え、同年一一月公開の『彰義隊鮮血悲史』（村越章二郎監督）も、「前半に於ては、幕末巷談的な巷説の點出」が続き、上野戦争を転回点に、「後半、上野の戰後、彰義隊にあつた彼等〔主人公たち〕が明治初年の空氣の中で如何に彼等の復讐心と正義觀とを貫徹させたかと云ふ點に」物語の関心が移る散切映画であり、「幕末であつて、明治である點が新らしい興味だ」とも評された（水町青磁『彰義隊鮮血悲史』時評、『キネマ旬報』一九三〇年一二月一日号、九二頁）。本作の粗筋を確認するには、『彰義隊鮮血悲史』紹介（『キネマ旬報』一九三〇年一一月二一日号、六四頁）を参照せよ。

28 水町青磁『敵討道中双六』時評、『キネマ旬報』一九二九年三月二一日号、八八頁。

29 『敵討道中双六』広告、『国際映画新聞』一九二九年一月号、無頁。

30 高原富士郎「現代映画の領域」『映画評論』一九二九年六月号、五三九頁。

31 既成の日本映画史における『灰燼』の位置づけを知るには、佐藤忠男『日本映画史』第一巻（岩波書店、一九九五年）、二四九頁・五一頁、依田義賢「監督村田實」（今村昌平ほか編『講座日本映画史』第二巻［岩波書店、一九八六年］）、二二四頁・二二五頁などを参照せよ。

32 如月敏『灰燼』脚本、『映画知識』一九二九年五月号、七二頁・九五頁。

33 内田岐三雄『灰燼』時評、『キネマ旬報』一九二九年四月一日号、一五一頁。

34 清水俊二「村田實氏」『映画評論』一九二九年六月号、五五二頁。

35 『灰燼』公開当時の評価を知るには、内田岐三雄『灰燼』時評（『キネマ旬報』一九二九年四月一日号、一五一頁）、大塚恭一「村田實の更生」（『映画評論』一九二九年四月号、四二五頁・二六頁）、杉本彰「『灰燼』とその組立」（『映画時代』一九二九年五月号、二〇頁・二二頁）、瀧口潤『灰燼』時評（『キネマ旬報』一九二九年四月一日号、一六四頁）、武田忠哉『灰燼』時評（『キネマ旬報』一九二九年四月一一日号、五七頁・五八頁）、村上徳三郎「文芸映画一説」（『映画時代』一九二九年九月号、六頁・八頁）などを参照せよ。

36 吉田絃二郎『足軽三左衛門の死』『吉田絃二郎全集』第一〇巻（新潮社、一九三一年）、一二一頁・六六頁。一九二八年八月の上演時、『明治維新のころ』と改題された。

37 「日本各社撮影所通信」『キネマ旬報』一九二九年三月一一日号、一〇五頁。

38 「日本各社撮影所通信」『キネマ旬報』一九二九年五月一一日号、九四頁。

39 「日本各社撮影所通信」『キネマ旬報』一九二九年六月一日号、一一一頁。

40 「日本各社撮影所通信」『キネマ旬報』一九二九年六月一一日号、八五頁。

41 『足軽三左衛門』広告、『映画評論』一九二九年六月号、無頁。

42 既成の日本映画史の著者は、「『新婚行進曲』『御亭主改造』『お、妻よ』など」を「軟派の新婚物」と回顧し、日活で並行的に製作された傾向映画と対比した（田中純一郎『日本映画発達史』第Ⅱ巻〔中央公論社、一九七六年〕、一五一頁 - 五二頁）。

43 池田重近『圓タク稼業』時評、『キネマ旬報』一九二九年三月二一日号、八七頁。

44 内田岐三雄『灰燼』時評、『キネマ旬報』一九二九年四月一日号、一五一頁。

45 ただし、劈頭に示される杯には「文政五［一八二二］年」の日付が読み取れるため、本作の時間設定は早くとも江戸後期以前には遡らない。

46 如月敏「時代劇の脚本」『映画知識』一九二九年七月号、三〇頁 - 三一頁。また如月の脚本第一〇作『沓掛時次郎』に続く第一一作『百面相』（伊奈精一監督、一九二九年）の公開前後に執筆されたと推定される随筆に、如月は以下のような構想を開陳した。

　私の今月中に書くシナリオは、『百面相』に次ぐ伊奈精一監督［作］品と、長谷川伸氏作の『闘の彌太ツペ』の二本である。

　兩方とも、プランもたつてゐないが、伊奈氏のものは、久しぶりでの新婚ものか、さもなければ西條八十氏に原作を書いていたゞくつもりである。

　新婚ものならば、昨年の『お、妻よ』式のもの。あれ以來『奥樣心得帳』しかないから、今度は再び『御亭主改造』にかへつて、あの運びで書きたい。

［…］

『闘の彌太ツペ』は『サンデー毎日』に掲載されたもので、『沓掛時次郎』と同じくばくち打ちの詩。私はこれで『沓掛』の失敗をとりかへすつもりでゐる（如月敏「最近のこと」『映画知識』一九二九年八月号、三三頁）。

『関の弥太ッペ』（東京・帝国劇場、一九二九年）の映画化が実現を見た記録は、星哲六監督／脚本の松竹作品『関の弥太ッペ』（一九三〇年）が最初であり、如月の意気込みは不発に終わる。とは言え、一九二九年当時の如月が、長谷川伸の股旅物と新婚物の現代劇に自身の作家性を賭けた事実を示す随筆である。長谷川伸『関の弥太ッペ』を読むには、『長谷川伸全集』第一五巻（朝日新聞社、一九七一年）、二一八頁 - 五三頁を参照せよ。

47 細川周平「小唄映画の文化史」『シネマどんどん』第一号（二〇〇二年）、一二頁。

48 笹川慶子「小唄映画に関する基礎調査　明治末期から昭和初期を中心に」『演劇研究センター紀要』第一号（二〇〇二年）、一九二頁。

49 『沓掛小唄』歌詞、『映画時代』一九二九年一二月号、一三五頁。

50 『沓掛時次郎』広告、『讀賣新聞』一九二九年六月一四日朝刊、七面；一九二九年八月九日朝刊、七面。

51 細川周平「小唄映画の文化史」『シネマどんどん』第一号（二〇〇二年）、一四頁。

52 笹川慶子「小唄映画に関する基礎調査　明治末期から昭和初期を中心に」『演劇研究センター紀要』第一号（二〇〇二年）、一八九頁。

53 『君戀し』歌詞、『映画時代』一九二九年一二月号、一三二頁。

54 メロドラマと音楽との親和性を知るには、加藤幹郎『映画館と観客の文化史』（中央公論新社、二〇〇六年）、一三〇頁、四方田犬彦「解題　メロドラマの研究史とブルックス」（ピーター・ブルックス『メロドラマ的想像力』、四方田犬彦／木村慧子訳［産業図書、二〇〇二年］）、三一五頁などが示唆に富む。

55 長谷川伸『沓掛時次郎』『長谷川伸全集』第一五巻（朝日新聞社、一九七二年）、一四〇頁 - 四八頁。

56 「門付け」『広辞苑』第五版（岩波書店、一九九八年）。

57 長谷川伸『沓掛時次郎』『長谷川伸全集』第一五巻（朝日新聞社、一九七二年）、一四八頁 - 五〇頁。

58　長谷川伸『沓掛時次郎』『長谷川伸全集』第一五巻（朝日新聞社、一九七二年）、一五一頁‐六二頁。

59　長谷川伸『沓掛時次郎』『長谷川伸全集』第一五巻（朝日新聞社、一九七二年）、一五〇頁。

60　如月敏『沓掛時次郎』脚本、『映画往来』一九二九年六月号、七三頁。

61　無論、こうした時代錯誤性が『沓掛時次郎』のみに見られると結論づけるのは不用意である。あらゆる商業映画が、本来的に公開当時の《現在》の観客に照準を設定せざるを得ない以上、明治維新以前に時間設定された時代劇が《現在》性を帯びるのも自然の帰結である。むしろ重要なのは、『沓掛時次郎』の小唄映画化に対し、例えば「案外不評判だつた日活宣伝部の口惜しがり様は見物だつた」（ＸＹＺ「映画界縦横雑記」『映画知識』一九二九年九月号、六八頁‐六九頁）との報告、「それにしても『小唄』への追従は滑稽至極であつた」（鈴木重三郎『沓掛時次郎』時評、『キネマ旬報』一九二九年七月一一日号、九三頁）との時評など、公開当時の映画言説共同体が露骨に批判的な反応を見せた点である。事程左様に『沓掛時次郎』の物語世界内に対する『沓掛小唄』の侵入は不自然と受け止められたのであり、こうした評価にこそ、本作の時代劇／現代劇間の境界性、股旅映画の現代劇への接近の性急さが読み取れるというのが、本章の主張である。

62　永田哲朗『殺陣』（三一書房、一九七四年）、一九五頁。

63　長谷川伸文学と東映任侠映画の関係を知るには、俊藤浩滋／山根貞男『任侠映画伝』（講談社、一九九九年）、八〇頁‐八一頁を参照せよ。また、『沓掛時次郎』と東映任侠映画『緋牡丹博徒・花札勝負』（加藤泰監督、一九六九年）の間テクスト性を事例に取り、以下に拙論「長谷川伸の遺産」（山根貞男『加藤泰の世界』第三回報告、神戸映画資料館公式ＨＰ〈http://kobe-eiga.net/report/〉）を再録する。

　『大江戸の侠児』（加藤泰監督、一九六〇年）から『みな殺しの霊歌』（加藤泰監督、一九六八年）へ、従来は傍流に置かれた作品に光を当てた連続講座『加藤泰の世界』は、第三回では加藤の代表作『緋牡丹博徒・花札勝負』（一九六九年）を取り上げた。世界中の映画学者の耳目を集める――例えば、David Bordwell, *Poetics of Cinema* (Routledge, 2008) の第一三章 "A Cinema of Flourishes: Decorative Style in 1920s and 1930s Japanese Film"（三七五頁‐九四頁）、特に三九二頁――『花札勝負』は、日本でも東映任侠映画の傑作との評価が定着済と言える。この有名な映画的テクストに対し、山根貞男は如何に挑むのか。

山根は生前の加藤の書き物を根拠に、『花札勝負』脚本の生成過程から辿り直す。山根によれば、本作の第一稿の書き手は鈴木則文と鳥居元宏である。この第一稿を叩き台に、加藤、鈴木、鳥居がロケイション・ハンティングに赴き、同時に加藤が脚本の不備を指摘する。指摘を受けた鈴木と鳥居は協力し、連名で第二稿を完成する。今度は加藤と鈴木が第二稿を巡る討論を行い、最終的に鈴木が単独で第三稿を仕上げる。この第三稿を完成稿に、加藤は撮影を開始する。ここまでの経過時間はわずか二週間程度である。とは言え、より興味深いのは、まだ脚本の改訂が終わらない事実である。加藤は撮影中も第三稿に手を入れ続け、年末年始の休暇を見計らい、単独で第四稿を書き上げ、年明けの撮影を第四稿とともに再開しつつも、なお撮影が終了するまで、脚本の細部を検討し続ける。

まさに加藤は『花札勝負』の脚本を徹底的に推敲し続けた。それでは、こうした改訂を通じ、加藤は何を追求したのか。この問いを巡る答えを、任侠映画に対する加藤の個人的な信条を念頭に置きつつ、山根は外堀から同定しようと試みる。

山根が批判する通り、加藤を任侠映画の作家と見る臆見は、日本映画史への無知に由来する。実際、加藤が鶴田浩二と並ぶ任侠映画の花形高倉健を演出した作品は、目下分析中の『花札勝負』のみである。さらに、加藤の任侠映画第一作『明治侠客伝・三代目襲名』（一九六五年）は、元来は小沢茂弘を監督に想定した企画であり、小沢と任侠映画の精神的支柱である製作者俊藤浩滋との確執の結果、加藤に白羽の矢が立てられたに過ぎない。本作の監督を引き受けるに際し、加藤は俊藤に注文したという。博徒を礼賛する一般的な任侠映画に興味は持てない、だが男と女のメロドラマには意を尽くす、例えば長谷川伸の世界に見られるような、と。俊藤は加藤に小沢の代役を依頼する際、加藤の演出力を確認するため、加藤が数年前に監督した長谷川伸原作の股旅映画『瞼の母』（一九六二年）を試写し、見事な出来栄えに深い感銘を受けた。加藤の姿勢に我が意を得た俊藤は、『三代目襲名』の成功へと勇躍する。

加藤は任侠道を手放しで礼賛する映画と距離を置いた。それゆえ、加藤は『花札勝負』の脚本を推敲し続けた。このように山根は推測する。実際、加藤の胸中には、博徒などに他人の窮地が救えるのかという、まさしく任侠映画の根幹を揺るがせかねない疑念が存在したようである。弱きを助け、強きを挫く存在へと理想化された侠客像を回避し、市井の男女を地に足の着いた目線から描く。加藤が自身に課した要求を、それでは『花札勝負』は如何に達成したのか。

山根によれば、『花札勝負』とは三組の男女の物語である。一組目は、山根がロミオとジュリエットに擬える、敵対する貸元――杉山貞次郎（嵐寛寿郎）と金原鉄之助（小池朝雄）――の間に引き裂かれた若い恋人たち――杉山次郎（石山律）と金原八重子（柴田美保子）――である。二組目は、緋牡丹のお竜と呼ばれる主人公矢野竜子（藤純子）に盲目の娘お君（古城門昌美）の危難を救われながら、知らずにお竜の名を騙り、いかさま博打を続けるお時（沢淑子）と、お竜と博打の勝負を決する流れ者化け安（汐路章）の夫婦である。三組目はお竜自身と、金原の世話を受け、それゆえ杉山の世話を受けるお竜と敵対しつつ、なおお竜に母親の面影を見る博徒花岡彰吾（高倉健）である。一般的な任侠映画であれば、藤純子と高倉健が若い男女の恋愛を成就させ、盲目のお君の治療に尽力するのは、侠客の当然の行動と描かれる。これに対し、『花札勝負』のお竜と花岡は、より個人的な心情から自身の行動を決定する。例えば、お竜とお時の間には、お君に媒介された女同士の絆が生まれ、相互を思い遣る真心が高まる。こうした真心こそ、行きずりの因縁に過ぎない貸元間の抗争に対し、彼らが命を懸ける結果に繋がる。任侠道の金科玉条に全体主義的に従属せず、地に足の着いた目線から善悪の闘争に主体的に参加する女と男。彼らを描くためにこそ、加藤泰は脚本を改訂し続けたと山根は想像する。

このように議論を進めれば、東映任侠映画『花札勝負』が長谷川伸文学の遺産の忠実な継承者である事実も腑に落ちる。長谷川の股旅文学は、より個人的な心情を根拠に、運命を一歩一歩切り開く男女のメロドラマである。実際、『花札勝負』の高倉健と嵐寛寿郎の決闘は、『沓掛時次郎』序幕第四場、時次郎と三蔵の決闘からの引用に等しい（長谷川伸『沓掛時次郎』『長谷川伸全集』第一五巻［朝日新聞社、一九七二年］、一四四頁 - 四六頁）。『花札勝負』は、時代劇から任侠映画への移行を超え、長谷川文学が日本映画史に残した莫大な遺産を再認識させる映画である。

第三章　箱詰された孤独

稲垣浩と一五年戦争下の幕末映画の時間構造

第一節　善悪のメロドラマの陥穽

「千日手になるのと違いますか？」
伊藤大輔『王将』脚本[1]

『無法松の一生』（稲垣浩監督、一九四三年）は日本映画史上に輝く正典である。同時に、明治維新以前を描く時代劇／常時更新される《現在》を描く現代劇の二重基準の二分法が確立した古典期、いささか例外的に明治・大正期——前章の議論を繰り返せば、初期に明治維新以前を描く旧派映画の対概念を構成した新派映画の背景——に時間設定された作品である。同時に、既成の日本映画史が、主人公の車夫富島松五郎、通称《無法松》を熱演した阪東妻三郎——再び前章の議論を繰り返せば、昭和初年当時、時代劇の限界線を明治中葉に引き寄せようと模索した俳優——が自身の枠を打破し、粗暴と表裏一体の誠実を完璧に体現し、新たな芸域を開拓したと教える作品である。同時に、ある家屋の二階の一室に下がる洋灯を捉えた宮川一夫のカメラが、そのまま往来に臨む窓枠から地上に下降し、子守中の母親を捉えるに至る劈頭の離れ業に、あらゆる観客が陶酔する作品である。しかし同時に、本作は製作関係者の本意に適う原形版が現存しない映画である。一九四〇年代以前の作品の残存率が極端に低い日本映画史の惨状に鑑みれば、この事実は驚愕に値しないかも知れない。とは言え、原形版『無法松の一生』が散逸した理由は、戦前・戦中の日本映画の大多数が消滅した理由、例えば頻発した撮影所の倉庫火災とは趣が異なる。一度目は初公開時に大日本帝国内務省の検閲を通じ、二度目は敗戦後の再公開時にGHQ占領軍の検閲を通じ、深刻な削除を受けた結果なのである。

こうした事実に対し、元『キネマ旬報』編集長の映画評論家白井佳夫は、《『無法松の一生』完全復元公演》と銘打つ企画を長年主宰し続けた。題名が示す通り、白井が本公演に試みるのは、狭義の政治的暴力である検閲が削除した『無法松の一生』の原形への「復元」である。しかも白井は、自身が選抜した市民に削除箇所の脚本を朗読させ、この「復元」を実行する。自由な言論を資本に、権力に抵抗する白井の姿勢は、一般的には好感を抱かせるであろうし、本公演に参加した聴衆が感動の涙を流したのも事実である。しかし同時に、かつての大日本帝国やＧＨＱ占領軍にも通底する政治的暴力が、図らずも本公演に見出される事実にも、私たちは留意すべきである。

本節は二〇〇六年四月一六日、大阪市に開催された六〇回目の《『無法松の一生』完全復元公演》の報告である。本節が提起するのは、善悪のメロドラマが無制限に発動される戦争の状況に対し、事後的な言説が同様の善悪のメロドラマを基調に向き合えば、如何に発展性に乏しい結論に帰着せざるを得ないかという問題である。具体的には、『無法松の一生』の創造に関与した映画人を善、戦中・戦後の検閲の実行者を悪と見なす白井のメロドラマ的二元論と一五年戦争自体の相同性を確認し、次節以降、一五年戦争下の幕末映画を考察する際の教訓を得る。前車の覆るは後車の戒めである。挑発的な映画評論家の足元を掬うメロドラマ的陥穽に誠実に向き合うのは、後続の言説を紡ぐ本書の責務である。

本格的な議論を始めるに先立ち、《『無法松の一生』完全復元公演》とは如何なる催しであるか、本節が報告する第六〇回公演を素材に整理したい。

本公演は三部構成である。第一部は『無法松の一生』に関する白井佳夫の二〇分程度の講演である。原作の岩下俊作や脚本の伊丹万作、監督の稲垣浩、主演の阪東妻三郎や園井恵子の経歴が簡単に伝えられ、特に第三部に登場する助演の川村禾門が紹介される。さらに『無法松の一生』が二度の検閲に削除を受けた映画である事実が説明され、本作の分析を通じ、「検閲」「学徒出陣」「原爆」「敗戦」「占領」「戦争責任」などの問題を考察するという公演全体の目的が掲げられる。

第二部はＶＨＳ版『無法松の一生』の上映である。大日本帝国内務省とＧＨＱ占領軍の二度の検閲を通過した削除版の映像である。

ＶＨＳ版の上映後、一〇分間の休憩後に再開した第三部では、白井佳夫が演壇に戻り、九〇分程度の講演を行う。初めに話題に上るのは、ヒロイン吉岡良子を好演した女優園井恵子である。宝塚歌劇団出身の園井が本作に出演後、移動演劇さくら隊に参加し、同隊の公演のために広島に滞在中、一九四五年八月六日に被爆した事実が説明され、『無法松の一生』と原爆の主題が接続される。次に、第一部に紹介された川村禾門が再導入される。一九九三年七月、東京・池袋に開催された第二二回公演の記録映像が上映され、最晩年の川村が映し出される。川村が語るのは、自身の亡妻である女優森下彰子が移動演劇さくら隊に参加し、園井同様に被爆死を遂げた事実である。『無法松の一生』は再び原爆の主題と関連づけられる。

二番目の主題は学徒出陣である。再び第二二回公演の記録映像から、川村禾門が『きけわだつみのこえ　日本戦没学生の手記』に含まれる、松岡欣平の手記を朗読する姿が紹介される。松岡は入営直前に鑑賞した『無法松の一生』に、手記の相当量を充当した。[2]死と隣合せの青年の視点における本作の受容を想像しつつ、聴衆の思いは、一般的には忘却された『無法松の一生』と学徒出陣の関係に馳せられる。

これらの階梯を踏まえ、話題は本公演の主眼、すなわち『無法松の一生』と検閲の関係に移行する。二〇〇二年九月の第五七回公演の記録映像が上映され、白井が内務省の検閲記録を通じ、初公開時に削除されたと判断した箇所、すなわち主人公の富島松五郎（阪東妻三郎）が吉岡良子（園井恵子）に愛情を告白する箇所の脚本が朗読される。[3]松五郎の台詞を白井自身、また卜書を劇団展望の林陽子などの配役である。白井の解説が加わり、松五郎と良子の異性愛が国家権力への抵抗と解釈され、松五郎の良子への愛情が「美化」される。次に、今度は白井がGHQ占領軍に削除されたと判断した箇所、すなわち良子の子息敏雄（澤村アキオ＝長門裕之）が唱歌『青葉の笛』を歌う箇所を、再び脚本の朗読とともに「復元」した模様が、同様に第五七回公演の記録映像から抜粋される。[4]再び白井は削除された箇所を「美しい」と解説する。

最後に白井は、『無法松の一生』の脚本家伊丹万作が著した有名な随筆「戦争責任者の問題」[5]を林陽子が朗読した模様を、やはり第五七回公演の記録映像から引用する。ここでは、一五年戦争下の伊丹が如何に批評的思考を維持し得た稀有な知識人であるかが焦点化されると同時に、『無法松の一生』と戦争責任の主題が結節される。

遂に《『無法松の一生』完全復元公演》は最後の山場に到達する。会場の参加者全員による『青葉の笛』の合唱である。この曲を白井は、戦争の愚劣を謳い上げた厭戦歌と解釈し、それゆえ軍国日本に平和をもたらすはずのＧＨＱ占領軍が『青葉の笛』の箇所を削除した事実に憤る。同時に、自立した人間である松五郎が「美しくかよわい」良子に対する愛情を貫いたのと同様、周囲の有形無形の圧力から自身の尊厳を守り抜くため、私たちも「日本的な美しい歌」である『青葉の笛』を歌い、自身を叱咤激励しようと呼び掛ける。今回の公演では、第五七回公演の記録映像から参加者全員の合唱の模様が上映され、映像／音響の進行とともに、会場の聴衆も『青葉の笛』を合唱する。《『無法松の一生』復元公演》は三時間強の全番組を消化し、ようやく閉幕に至る。

ここまで、駆け足ながらも《『無法松の一生』完全復元公演》の概要を整理した。以下に、本公演が言及した主題より、特に検閲の問題に焦点を絞り、批判的に考察したい。

第一に、本公演と検閲の相同性に、白井佳夫が無自覚である点を問題化したい。白井は『無法松の一生』を取り巻く無限の事象から、本作が軍国日本に対抗した映画であるとの観念に合致する事象のみを選び、自身の公演に取り込む。大日本帝国の悪に対する『無法松の一生』の善というメロドラマ的二元論を基調に、公演全体を組織化する。結果的に、例えば脚本の伊丹万作が国策映画『新しき土』（アーノルド・ファンク／伊丹万作監督、一九三七年）を手掛けた事実は捨象され、「戦争責任者の問題」を著した知識人に抽象化される。[6] また、『無法松の一生』公開の翌一九四四年、稲垣浩が国策映画『狼火は上海に揚る』を阪東妻三郎主演で監督した事実も聴衆には伏せられる。無論、ここで言わんとするのは、公演中に善性を付与された『無法松の一生』の関係者が、実際には悪の手先だというような、善悪のメロドラマの水掛け論とは異なる。大日本帝国内務省やＧＨＱ占領軍が検閲を通じ、不都合と目する事象を排除する身振りと、『無法松の一生』を善と表象するには不都合と目する事象を、白井が公演から排除する身振りとが、根本的に同質だと言いたいのである。より正確に言えば、白井が自身に不都合な事象を公演から排除しない限り、不都合な事象を排除する悪へと検閲を純粋に観念化し得ず、それゆえ悪しき検閲に抗う善へと『無法松の一生』を純粋に観念化し得ない。『無法松の一生』と検閲の二元論が映画評論家白井佳夫を召喚すると言うよりは、むしろ白井佳夫のメロドラマ的想像力が『無法松の一生』と検閲の二元論を召喚するのである。

第二に、白井佳夫が公演を通じ、「美しい」という言葉を連発する点にも留意したい。前述の通り、白井は『青葉の笛』を厭戦的な「日本的な美しい歌」と解釈し、「美しさ」が政治的暴力への抵抗を拠点化し得ると主張する。参加者全員の合唱が始まる。このとき《『無法松の一生』完全復元公演》は、文字通り旋律（melody）を帯びたドラマ、メロドラマ（melodrama）に突入する。とは言え、そもそも大日本帝国は大東亜共栄圏という「美しい」標語の下、一五年戦争を遂行したはずである。映画評論家の呼び掛けを受け、安易に「日本的な美しい歌」を合唱する聴衆の心性は、新たな一五年戦争の可能性を胚胎しまいか。それゆえ本公演が問題化すべきは、こうした聴衆の心性自体とは言えまいか。元禄赤穂事件をメロドラマ的に語る浪曲師桃中軒雲右衛門の旋律は、日露戦争（一九〇四年・〇五年）前後の日本大衆の愛国心に密接に働き掛けた。[7]「美しい」旋律には、錯綜した現実を善悪のメロドラマに還元する魔力が宿る。白井の音頭に従い、厭戦歌『青葉の笛』を合唱し、大日本帝国やGHQ占領軍を悪の枢軸に見立てた聴衆は、風向次第では、今度は戦争を厭うための戦争、世界から戦争を根絶するための最後の戦争との「美しい」呼び掛けを受け、再び軍国主義の誘惑に隙を見せまいか。

本節は《『無法松の一生』完全復元公演》を批判的に考察した。無論、本公演にも敬意を表すべき様々な瞬間が存在する。川村禾門が等身大の視座から『無法松の一生』と原爆の主題を語る記録映像は、川村の喪失した伴侶が何人にも「復元」し得ない事実を聴衆に突きつける。公演後、白井佳夫は会場に残る聴衆との質疑応答に臨み、近年《『無法松の一生』完全復元公演》を支持する団体が減少したと漏らした。この瞬間、白井は等身大の視座から、自身を有形無形に抑圧する何かを意識したはずである。自身と社会との齟齬を巡る当惑が図らずも露呈した瞬間、メロドラマはメロドラマでありつつ、なおメロドラマを超克し得たのかも知れない。[8]

第二節　稲垣浩再考

前節に見た『無法松の一生』は、映画作家稲垣浩の五六本目の作品である。[9] 初監督作『天下太平記』（一九二八年）から遺作『待ち伏せ』（一九七〇年）まで、四〇年を超す監督生活を全うした稲垣は、第二章に記した通り、長谷川伸の股旅文学を映画化した『瞼の母』（一九三一年）や『一本刀土俵入』（一九三一年）などを通じ、批評的名声を確立した。実際、古典的評論『長谷川伸論』は、長谷川伸の股旅文学と最も正確に共鳴し合うのは、稲垣の「純粋に感傷的」な作家性だと主張するほどである。[10] 稲垣を「純粋に感傷的」な映画作家と理解する日本映画史の固定観念は、『無法松の一生』と検閲の二元論を設定した映画評論家白井佳夫のメロドラマ的想像力とも共振するが、《『無法松の一生』完全復元公演》における国策映画『狼火は上海に揚る』への言及の回避も示唆する通り、結果的に一五年戦争下の稲垣の作家的経歴が歪みとともに記述されたのは否定し得ない。実際、『狼火は上海に揚る』が幕末の志士高杉晋作（阪東妻三郎）の上海留学を綴るように、一五年戦争下の稲垣は幕末映画への積極的な挑戦者の一人であり、この事実は稲垣を「純粋に感傷的」と見なす理解とも本来的には矛盾しないにもかかわらず、[11] 既成の日本映画史は無頓着なままである。「純粋に感傷的」な映画作家は、「『大東亜戦争』という近代日本の破局的事態」[12] への過程を通じ、近代日本の起点である幕末＝明治維新と如何に斬り結んだのか。以下は稲垣の作家的経歴に寄り添いつつ、一五年戦争下の幕末映画を素描する試みである。

稲垣の最初の幕末映画は、監督第二作『放浪三昧』（一九二八年）である。第一章にも見た通り、明治維新六〇周年の一九二八年とは幕末映画の最盛期であるが、むしろ本作は幕末映画の大流行に対する距離の取り方に興味を惹かれる。例えば、物語の中盤、新撰組の乱闘を描く場面には、以下の字幕が挿入される。

一世の梟雄
近藤勇を首領に仰ぐ

新撰組の隊士等は
当時京師一帯の土を
朱に染めて徒らに
剣戟映画の
ネタを作ることに
余念なかつた

とは言え、こうした距離の取り方は、稲垣よりも脚本の伊丹万作と親和的である。実際、『赤西蠣太』（伊丹万作監督、一九三六年）のような、諧謔を通じた時代劇の価値転覆が伊丹の得意技であり、上記の説明字幕に通底する性質を持つ。『放浪三昧』を発表した稲垣浩が、『瞼の母』や『一本刀土俵入』、あるいは子母澤寛の股旅文学を映画化した『弥太郎笠』二部作（一九三二年）や『国定忠治』三部作（一九三三年）などの成功後、再び幕末映画に挑戦したのが、一九三三年末から翌年始へと公開された『風雲』二部作である。本作の映像も散逸したようである。とは言え、稲垣旧蔵の撮影台本や詳細な撮影日誌を通じ、映画的テクストの相貌は推量し得る。[13] 以下、海音寺潮五郎の同名小説（『サンデー毎日』、一九三二年－三三年）を映画化した本作に分析を施すに先立ち、まずは一九二八年以後の幕末映画が示した変化を簡潔に整理したい。

第三節　など波風の立ち騒ぐらむ

第一章に見た通り、明治維新六〇周年の一九二八年前後に大流行を見せた幕末映画は、しばしば主人公へのテロリズムの場面を山場に選択した。この事実に連動しつつ興味深いのは、当時の幕末映画の採用した物語構造が、歴史叙述に必然的に付随する事後性自体を兆候的に露呈した点である。すなわち、幕末＝明治維新の《近過去》を、昭和初年の《現在》の視座から映画化した結果の階層性――《近過去》から「〈なに〉を選択し、〈どのように〉解釈し、〈いかに〉叙述するか」[14]を決定する主導権を《現在》が握る――が、幕末映画の物語構造に反映した点である。

前述の通り、『尊王攘夷』（池田富保監督、一九二七年）は主人公井伊直弼が桜田門外の変に暗殺される場面に続き、近代化した港湾の場面で閉幕を迎える。この間、説明字幕が「幾多の犠牲と　尊き血涙の　功績は　永久朽ちせず……嗚呼　今昔の感深し……」としめやかに謳い上げるが、字幕の「今昔」という言い回しが端的に物語る通り、港湾の場面は幕末＝明治維新の《近過去》に対する《現在》に位置づけられる。近代日本の成立が既成事実化した昭和初年の視座に立ち、事後的に幕末＝明治維新を表象する《現在》と《近過去》の階層性が、結尾に《現在》の場面を配置した『尊王攘夷』の物語構造と呼応するのである。

同様の物語構造は『坂本龍馬』（枝正義郎監督、一九二八年）にも見受けられる。現存する不完全版の場合、主人公坂本龍馬の暗殺場面に続き、京都霊山護国神社の坂本の墓碑の実写映像が挿入される。一九二八年五月一七日の本作の公開が、同月二七日、高知市に挙行された坂本龍馬像の除幕式に連動した事実に鑑みても[15]、墓碑の映像は一九二八年の《現在》の視座から映画的テクストを総括したはずである。

こうした物語構造の約束事は、『興亡新撰組』二部作（一九三〇年、伊藤大輔監督）の大詰、主人公近藤勇（大河内傳次郎）の処刑場面に続き、現在時制で書かれた「勇の墓は武州三鷹村大沢に在る」との説明字幕を挟み、さらに「勇の墓（実写）」を提示する閉幕の所作にも確認されるが[16]、注目すべきは、一九三〇年代に入るや、こうした幕末映画の時間構造に変化の兆しが見え始めた点である。ここでは前掲の『坂本龍馬』を念頭に置きつつ、やはり坂本龍馬を主人公に据えた『海援隊長坂本龍馬』二部作（小石栄一［前篇］／石田民三［後篇］監督、一九三一年）と『海援隊快挙』（志波西果監督、一九三三年）――後者は長尺の不完全版が現存する――を素材に議論を進めよう。

『海援隊長坂本龍馬』二部作の前篇『江戸篇』は、『キネマ旬報』物語紹介によれば、江戸で剣術修行中の坂本龍馬（市川百々之助）が開国派勝海舟（小島洋々）からの啓蒙を受け、海援隊結成に邁進する姿を描いた映画である。[17] 映画言説共同体からの熱烈な支持を受けたとは言い難い本作が、なお注目に値するのは、同じく『キネマ旬報』が掲載した時評に残る、以下の一節のためである。

漸く影を潜めかけた幕末物の中に、是は又珍らしい作品の出現ではある。［…］稍々龍馬の懐疑的な擧止が觀客を納得させない點がないでもない。けれど此の龍馬は今まで、いつも近藤勇に池田屋で殺されなければならなかつた偶像的な存在から浮び上つてゐる丈けでも良い。[18]

無論、本作が二部作である以上、主人公が『江戸篇』で暗殺されないのは商業映画の道理である。[19] とは言え、前述の通り、一九二八年前後の幕末映画を総括する《現在》の場面が主人公の横死の場面に後続した事実に鑑みても、流行の最盛期である「今まで」の作例に対比しつつ、坂本の暗殺場面の不在を肯定的に評価した時評は、幕末映画の時間構造を巡る認識論的変化を示唆しよう。実際、再び『キネマ旬報』を繙けば、後篇『京洛篇』は坂本の周旋した「薩長聯合の歴史的調印」を掉尾に据え、[20] 暗殺までは描かない。

これに対し、『海援隊快挙』は『坂本龍馬』との間テクスト性が緊密な作例と言える。実際、薩長同盟の周旋や佐幕派に襲撃される寺田屋事件など、両者の取り扱う坂本の事績はほぼ同様である。また『海援隊快挙』には坂本暗殺の場面が含まれ、カメラを見詰める瀕死の坂本と観客の間に想像の切り返しが成立するという演出上の共通点も認められる。

にもかかわらず、両者は閉幕の所作に示唆的な乖離を示す。『海援隊快挙』は暗殺場面とともに、以下の説明字幕を提示する。

今や世界の目は
太平洋の一点を凝視す――
極東日本の生命線！
憶ふ！坂本龍馬の
精靈や如何に！

時に慶應二年
正月二十日の夜――
坂本龍馬
兇徒の毒刃に
恨みをのむ！
爾来春風秋雨
茲に七十年[21]

これらの説明字幕とともに、海原を航行する近代的な軍艦が提示され、映画は終わる。
『坂本龍馬』同様、《現在》の昭和初年と《近過去》の幕末＝明治維新の階層性が反映したとも解釈し得る『海援隊快挙』――歴史的に言えば、坂本龍馬の死は一八六七（慶応三）年であり、本作公開から六六年前である――の閉幕の所作は、しかし同時に、『坂本龍馬』を総括する墓碑の映像との質的な差異を踏まえれば、『海援隊長坂本龍馬』により親和的と言える。実際、『坂本龍馬』の《現在》の墓碑の映像が静性を体現し、それゆえ《近過去》を物語化する《現在》の視座の盤石を物語るのに対し、『海援隊快挙』の航海する軍艦の映像は動性を体現し、幕末＝明治維新を回顧する昭和初年自体の流動性を含意しかねない。言い換えれば、《近過去》への主導権を握るべき《現在》の安定性が足元を掬われかねない。主人公の生涯の中途までを綴る『海援隊長坂本龍馬』が、主人公と幕末＝明治維新の展開に伴走する進行相の物語であれば、『海援隊快挙』は主人公の横死までを描き切り、主人公と幕末＝明治維新の展開に対し、昭和初年の視座から事後的かつ超越的に振舞う――「自分が［…］いつどのように死んだのか、それを自分の言葉で語り得る者はいない」[22]――ものの、最終的には運動下の軍艦を召喚し、それゆえ昭和初年に続く《近未来》を担保し、幕末＝明治維新から《近未来》への近代日本の展開に伴走する進行相の物語に接近するのである。

実際、一九二八年前後の幕末映画を総括する海景は、第一章に見た通り、静謐な海景である。瀕死の主人公に、公開当時の観客に向け、「身は死しても魂は――永久――皇国の――大海原を守護し奉る」と呼び掛けさせた『坂本龍馬』が、主人公の墓碑に代え、仮に海景を結尾に選択した場合、海鳥が舞い、大型客船が港内に憩う『尊王攘夷』のような海景を映し出したに違いない。近代日本の建国神話の英雄の「魂」が「大海原を守護」する限り、本来的には無用な軍艦の航行とともに、幕末映画の海景にも不穏な波風が立ち騒ぎ始める。

第四節　メロドラマの目的論的変質

前節では、明治維新六〇周年である一九二八年前後の幕末映画の時間構造が、一九三〇年代初頭、物語を総括する海景の変質とも連動しつつ、変化の兆しを見せ始めた点を指摘した。再びメロドラマ論の成果を援用すれば、こうした変化は歴史叙述の目的論的性質と関連する。ある映画学者は「歴史理解としてのメロドラマ」と題した論文に記す。

［メロドラマとしての歴史という常套句］は歴史的事実の乱雑振りに対する物語類型――すなわち概念的雛型としてのメロドラマ――の尊大さを前提とする。これはメロドラマと呼ばれる類型の様式を使用する［…］ことで、事実の記録が私たちの目的論的な支配下に置かれるとの暗黙の確信を前提とする。［…］ベルリンの壁が突然に崩壊すると誰が想像しただろうか。そして、そうした歴史的瞬間において、私たちは何を言い得るだろうか。メロドラマ的だ！［…］歴史をメロドラマの領域に送り込むことで、私たちは驚愕を上手に合法化し、正当化する。その上、支配という幻想の下に生きつつ、私たちの目的（telos）を超え、私たちの解釈と設計を超えた何かへの当惑を馴致する。[23]

『坂本龍馬』から『海援隊長坂本龍馬』や『海援隊快挙』への移行は、まさにメロドラマの目的論的変質と理解し得る。《現在》の墓碑の映像を結尾に置く『坂本龍馬』は、《現在》の日本社会という目的地から逆算――「目的とは後知恵または考え直しに過ぎない」[24]――し、主人公の波瀾の生涯が物語化された事実を示唆する。これに対し、『海援隊長坂本龍馬』や『海援隊快挙』の場合、《現在》とメロドラマ的目的との紐帯は弛緩する。公開当時の《現在》から逆算し、《近過去》の幕末＝明治維新を表象する点は同様であるにもかかわらず、物語が《現在》に完璧に収斂し切らないのである。

実際、『海援隊長坂本龍馬』公開――『江戸篇』は一九三一年一月五日、『京洛篇』は同年二月二五日――と『海援隊快挙』公開――一九三三年一〇月一九日――の狭間の一九三一年九月一八日には満州事変が勃発し、日本は一五年戦争に突入する。日本の中国大陸に対する軍事的侵出を動機づけた国民的標語《満蒙は日本の生命線》は、『海援隊長坂本龍馬』公開と重なる第五九回帝国議会衆議院本会議の立憲政友会代議士松岡洋右の激越な発言「滿蒙問題ハ［…］我國ノ存亡ニ係ハル問題デアル、我ガ國民ノ――我ガ國民ノ生命線デアルト考ヘテ居ル」（一九三一年一月二三日）[25]が原典であり、また『海援隊快挙』を結論づける前掲の字幕「今や世界の目は　太平洋の一点を凝視す――　極東日本の生命線！」とも緊密な間テクスト性を成立させる。公開当時の《現在》が善悪のメロドラマである戦争――日本が「生命線」である中国東北部を支配するのが善、日本の支配権の確立を阻む障壁が悪――の独善的な進行を経験しつつ、同時に幕末映画のメロドラマ的目的の役割も担うのは、本来的に無謀な企てと言える。『海援隊長坂本龍馬』や『海援隊快挙』が《現在》に収斂し切れない進行相のメロドラマである事実は、一九三〇年代初頭の日本社会が進行相のメロドラマである満州事変を生きつつある事実と表裏一体なのである。

稲垣浩が本格的な幕末映画に初挑戦した一九三四年の正月映画『風雲』二部作もまた、《現在》とメロドラマ的目的の関係を曖昧化した進行相の作例と言える。剣劇映画の花形片岡千恵蔵が、薩摩藩士西郷隆盛と腹心中村半次郎の二役を演じた本作では、冒頭の畳み掛ける説明字幕「佐幕」「勤王」「攘夷」「開国」[26]が示す通り、倒幕派と佐幕派、開国派と攘夷派の政争が綴られる。撮影台本は全四部から構成され、第一・二部が一九三三年一二月三一日公開の前篇、第三・四部が翌年一月七日公開の後篇に該当すると見られる。西郷と中村の属する薩摩藩が七卿落――「文久三年（一八六三）八月一八日［…］七人の公卿が討幕計画に敗れて官位を奪われ、京都を逃れて長州に落ち延びた事件」[27]――から長州藩の恨みを買い、両藩は蛤御門の変に激突する。[28]以上が物語の躯幹であり、脚本を読む限り、一九三〇年代の《現在》への言及は認められない。実際、蛤御門の変の薩摩藩の勝利に続く、『風雲』全編の結尾は以下の通りである。

一四二◎［薩摩藩］島津の紋印の旗。
字幕「勝ち乍ら――」
煙の中に背を向けて馬上の西郷。
――Ｏ・Ｌ――
その眼に涙つたう。

字幕「勝ち乍ら――」
西郷手放しで泣いている。
字幕「薩摩の爲に勝つたのではない」
字幕「御国の爲に勝つたのだ」
字幕「日本の爲に――」
字幕「越えて慶應二年」
字幕「薩長」
一四三◎握手する手。
字幕「しかして」
一四四◎〔徳川家〕葵の紋は引き退る。
一四五◎〔天皇家〕錦の御旗。
――O・L――
征討大将軍江戸へ出発！
――O・L――
一四六◎煙！（例えばボーの船のようなモノ）
『風雲』　完
とWつて――絞る――[29]

蛤御門の変に干戈を交えた薩摩藩と長州藩が、数年後に和解を果し、天皇を戴く倒幕軍の資格で進撃を開始するまでを急ぎ足の進行相で綴り、映画は閉幕を迎える。

こうした『風雲』の閉幕の所作は、『海援隊長坂本龍馬』や『海援隊快挙』と本作との共時性を示唆する反面、本作の欠陥も露呈させる。実際、蛤御門の変に衝突した薩摩藩と長州藩が、古典的物語映画には不可欠の状況説明を完全に欠落させたまま、唐突に倒幕の軍事同盟を結ぶような展開の飛躍、言い換えれば映画的テクスト外部、具体的には幕末＝明治維新を巡る観客の常識への過剰な依存は、『風雲』全編に遍在する。池田屋事件――「元治元年（一八六四）六月五日、長州・土佐・肥後各藩の尊攘派志士約二〇名が、京都三条小橋の旅宿池田屋に集まり謀議中、新撰組に襲撃され［…］多くの死傷者を出した事件[30]」――の場面[31]、あるいは開国派佐久間象山（高田篤）が剣客河上彦斎（尾上華丈）に暗殺される場面など[32]、物語上の動機づけが不十分であり、人口に膾炙したテロリズムの場面を見世物的に配列しただけと評価せざるを得ない。中村半次郎に恋情を抱く祇園の芸妓常栄（水ノ江澄子）の造形も同様[33]、前掲の『海援隊長坂本龍馬』時評に言う、最盛期の幕末映画に登場した紋切型「京は祇園の勤王芸妓[34]」の舌足らずな反復と評価せざるを得ない。撮影日誌の場面番号との不一致が認められず、稲垣旧蔵の台本が撮影時に使用されたのが確実であるだけに、『キネマ旬報』時評の酷評――「乱暴」かつ「話も描き方も常識的[35]」、あるいは「無氣力[36]」など――も必ずしも的外れとは言えまい。

第五節　進行相と悲哀

正月映画『風雲』の酷評とともに一九三四年の幕を開けた稲垣浩は、同年一二月三一日公開、すなわち翌一九三五年の正月映画『新撰組』により、早くも幕末映画への再挑戦の機会に恵まれる。ただし、『風雲』が片岡千恵蔵主宰の独立プロによる無声映画であるのに対し、『新撰組』は大手映画会社日活の発声映画であり、また脚本も稲垣と三村伸太郎の共作である。再び稲垣旧蔵の撮影台本によれば、本作の山場は、主人公近藤勇（大河内傳次郎）が放埒無頼の同志芹澤鴨（市川小文治）を処断し、新撰組の綱紀粛正を図るまでの内部抗争と、前節に言及した池田屋事件を巡る近藤の活躍であり、公開当時の《現在》に対する言及は認められない[37]。本作も進行相の幕末映画である。

実際、『新撰組』とともに開幕した一九三五年以後、一五年戦争下を通じ、幕末映画の時間構造の規範は進行相に置かれる。具体的には、《近未来》を担保した『海援隊快挙』とは異なり、『風雲』や『新撰組』のように《現在》への明確な言及を回避した進行相の物語が優勢化する。映像が現存する『新撰組』（木村荘十二監督、一九三七年）、『維新の曲』（牛原虚彦監督、一九四二年）、『剣風練兵館』（牛原虚彦監督、一九四四年）、撮影台本を確認し得る『二本松少年隊』（秋山耕作監督、一九四〇年）などが、公開当時の《現在》の場面を提示せずに物語を完結する[38]。ある文芸学者の言い回しを借りれば、『尊王攘夷』や『坂本龍馬』のような昭和初年の幕末映画が「現在に〔…〕断面を直接に開示する[39]」歴史を描いたのに対し、一五年戦争下の幕末映画は、少なくとも物語の水準に見れば、「過去のある一点で切り取られ、箱詰めにされた安全無害な歴史[40]」に軸足を移したのである。

それでは、一五年戦争下の幕末映画の物語論的変質、またはメロドラマの目的論的変質は、第一章に見た昭和初年の幕末映画を特徴づける悲哀のメロドラマ性に対し、如何なる圧力を加えたのか。この問いに向き合うに際し、最も興味を惹かれるのが、稲垣浩が監督した『江戸最後の日』（一九四一年）である。第一に、映画的テクスト分析にも耐え得る程度に原形を留めた映像が現存する[41]。第二に、公開当時の映画言説共同体に絶賛された本作は、一五年戦争下の幕末映画の典型例と見なし得る[42]。最後に『風雲』や『新撰組』と同様、稲垣旧蔵の関連資料を活用し得る[43]。以上の点に鑑み、『江戸最後の日』を素材に、一五年戦争下の幕末映画の事例研究を試みたい。

そもそも、幕末映画の持つ悲哀のメロドラマ性とは、国民国家日本を想像し得る主人公が、欧米列強の植民地化の危機に晒された日本人間に連帯を希求しつつ、同時に日本人間の闘争に直面せざるを得ないために前景化する。それゆえ、前節に見た『風雲』は、公開当時の酷評にもかかわらず、実際は幕末映画の核心を正確に捕捉し得たとも言える。前掲の通り、『風雲』の掉尾を飾るのは、長州藩との正面衝突である蛤御門の変に勝利を収めつつ、なお「手放しで」涙を流し、

「薩摩の爲に勝つたのではない」「御国の爲に勝つたのだ」「日本の爲に――」と呟き続ける主人公の薩摩藩士西郷隆盛である[44]。

こうした悲哀のメロドラマ性を育む構図は、差異を伴いつつ、『江戸最後の日』に正確に反復される。本作の主人公は、江戸城明渡し――「鳥羽・伏見の戦い後、官軍は江戸城に迫ったが、勝海舟と西郷隆盛の会談の結果、慶応四年（一八六八）四月一一日徳川氏は無抵抗で開城したこと[45]」――へと苦闘する勝海舟（阪東妻三郎）である。第一五代将軍徳川慶喜（尾上菊太郎）は大政奉還を敢行し、徳川幕府は解体したにもかかわらず、天皇を奉じた倒幕派の薩長連合軍は徳川家の象徴江戸城に殺到しつつある。幕臣である勝は、倒幕軍の指揮官西郷隆盛――本作では「大山の如き西郷の影[46]」のみが登場する――との折衝を通じ、江戸城攻防戦の回避に奔走する一方、同じ幕臣である榎本武揚（志村喬）を中心に徹底抗戦を主張する勢力を抑えるため、孤軍奮闘を続けつつある。

勝を巡る腹背の困難、すなわち倒幕軍の困難と幕臣内部の徹底抗戦組の困難は、しかしながら、幕末映画の約束事に従いつつ、粛々と解決に向かう。実際、『江戸最後の日』の勝は、まさに国民国家日本への想像力の化身である。勝が主家徳川の受ける耐え難き恥辱に耐えつつ、江戸城明渡しに固執し、倒幕派の軍門に降ろうと図るのは、日本人間の内戦の虚に乗じ、欧米列強が日本の植民地化に乗り出すとの危惧のためである。勝は映画全編を通じ、あらゆる機会を捉え、こうした危惧を声高に述べ立てる。

官軍なら話せば分かりもしようが、今は話しても分からん、恐ろしい奴が日本を狙っています。イギリス、フランス、ロシア、油断がなりませんぞ。［…］それに乗じられないように気をつけてください。

これに対し、絶対的な勝利を約束された江戸城総攻撃の命令権を握る西郷も、紆余曲折を経つつ、最終的には日本人間の内戦回避を実現させる。勝は「西郷さんは、やっぱり薩摩の西郷さんじゃ、なかった」、すなわち薩長連合軍と徳川家の善悪のメロドラマには拘泥せず、上位概念の国民国家日本の護持を最優先する政治家だと感嘆する。倒幕軍が戦意を示さない以上、幕臣内部の徹底抗戦組の戦意もなし崩しに雲散霧消する。映画は公開当時の《現在》には飛躍せず、勝が自邸に妻子たちと語り合う場面とともに閉幕する。

このように、一五年戦争下の幕末映画『江戸最後の日』は、第一章に分析した昭和初年の作例同様、悲哀のメロドラマを基調に据えた。とは言え、進行相の新たな規範に従順な本作は、同時に悲哀のメロドラマの帰結、すなわち主人公を苛む孤独の表現を巡り、昭和初年の作例から乖離する。そもそも、昭和初年の幕末映画の主人公が孤独に苦しむのは、国民国家日本への想像力を備えた彼らが、同様の想像力を持ち合せないテロリストの善悪のメロドラマ――主人公が悪、彼らへの天誅は善――に対し、善悪のメロドラマの水掛け論――テロリストが悪、彼らへの制裁は善――を排し、悲哀のメロドラマ――主人公自身もテロリストも日本人であり、それゆえ欧米列強の植民地主義の犠牲者である――を行動原理に相対したためである。『江戸最後の日』の場合、勝海舟は自身の政治的信念を全うし、日本人間の内戦を回避する、すなわち思想的に対立する西郷隆盛との間に悲哀のメロドラマ者同士、愛国者同士の絆を成立させるのみならず、進行相の幕末映画に相応しく、度重なるテロリストの凶刃も躱し切り、生命さえも全うする。とは言え、勝も幕末映画の主人公を責め苛む孤独からは逃れ切れない。『江戸最後の日』が描く勝の孤独と恨みを、本作の時間構造を念頭に置きつつ、仔細に分析しよう。

第六節　箱詰された孤独

『江戸最後の日』が主人公の孤独を浮彫するのは、すでに触れた、勝海舟が自邸に夫人静代（環歌子）や娘二人――姉の八重（柳恵美子）と妹の照（澤村敏子）――と語り合う結尾の場面である。江戸城明渡しを成功させた勝に対し、娘たちが問い掛ける。


(照)　それではお父様、もうこのお江戸は今日限りなくなるのですか。

(勝)　そうだよ。

(八重)　なぜです。なぜお父様は一戦もなさらず、おめおめ何百年の御城を薩長にお渡しなさるのです。

(勝)　お前たちもそれが不平かい。

(八重／照)　はい。

(八重)　皆さんが怒っておいでです。お父様を殺してしまえと申しております。私はそれが悔しくてなりません。

(勝)　お前もかい。

(照)　はい。


俯いた勝は、上目遣いに静代を見る。静代は顔を背け、啜り泣き、涙を拭う。この箇所の勝は家庭内に孤立する。勝家の女性たちは、江戸城明渡しを主導した勝の、国民国家日本の保全を最優先した決断に賛意を示さない。昭和初年の幕末映画であれば、例えば『尊王攘夷』の井伊直弼が奥方昌子の視線を外した折と同様、勝はカメラに視線を転じたはずである。第一章に見た通り、昭和初年の《近未来》の観客との想像の切り返しを通じ、彼らに愛国者同士の共同戦線の構築を呼び掛け、孤独の補償を試みたはずである。とは言え、『江戸最後の日』は映画公開当時の《現在》との関係を曖昧化した進行相の作例であり、勝が一五年戦争下の観客と直接的に交感するのは逸脱的である。それゆえ、勝は二人の娘の手を取り、静かに語り掛ける。

二人ともまだ幼いから分かるまいが、今に必ず分かるときがある。ただお前たちは、大きゅうなってののちも、お前たちのお父さんは、知恵も浅く、徳も薄かったが、ただ御国を思う真心だけは誰にも譲らなかったと、覚えておいてくれよ。いいかい。

遂に勝は《近未来》への回路を抉じ開ける。すなわち、二人の娘の成人後を仮構し、彼らとの「御国を思う真心」の共同戦線に期待しつつ、自身の《現在》に鬱積する恨みの捌け口を確保する。言い換えれば、勝は自身、江戸城明渡しのメロドラマ的目的を物語世界内に構築する。昭和初年の幕末映画が、公開当時の観客を巻き込みつつ、幕末＝明治維新と昭和初年との超時空的な絆を模索したのに対し、『江戸最後の日』の場合、主人公が夢想する《近未来》もまた、物語世界内に箱詰されるのである。

こうした解釈を補強するのが、勝と娘たちとの会話に続き、彼らが徳川慶喜を遥拝する箇所である。折からの時鐘に、彼らは都落ちしつつある最後の将軍に思いを馳せつつ、勝を先頭にカメラに正対し、庭先に跪く。とは言え、画面の中景を占める勝に対し、カメラは接近の意志を全く示さない[47]。勝とのアイ・コンタクトを躊躇するように、勝の遥拝と同時に、カメラは上昇を開始する。夜空の映像が近代日本の開幕を示唆する曙光の映像に移行し、そのまま映画は完結する。

こうした『江戸最後の日』の閉幕の所作は、同じ阪東の一三年前の主演作『坂本龍馬』を想起するとき、瞠目に値する。第一章に見た通り、『坂本龍馬』大詰の場面では、瀕死の坂本龍馬が皇居を遥拝する視線は、同時に孤独な坂本が昭和初年の観客を見詰め、彼らとの想像の切り返しを試みる視線を内包した。これに対し、『江戸最後の日』の勝の遥拝は、観客との想像の切り返しには展開しない。むしろ、カメラは上昇運動を通じ、勝から視線を逸らせる。家庭内に孤立した勝に対し、公開当時の観客が救済を差し伸べる余地を曖昧化したまま、進行相の幕末映画は閉幕する。

補　論　帝都最後の日の後日譚　《女》が取り持つ《男》同士の絆

本章では、第一章に分析した昭和初年の幕末映画を念頭に、一五年戦争下の幕末映画を巡り、特に『江戸最後の日』の結尾の場面に着目しつつ考察した。次章に進むに先立ち、同じ場面に異なる角度からも光を投じ、議論を深化したい。具体的には、主人公勝海舟が苦心の江戸城明渡しに反発するのが、勝の夫人と娘たち、すなわち《女子供》である事実を起点に、国民国家と同性社会性の問題を考察したい。

実際、勝家の《女子供》が《男》に示す反発は重要である。前述の通り、『江戸最後の日』が江戸城明渡しの成功の鍵に位置づけるのは、それぞれ旧幕府と倒幕軍の最高責任者である勝と西郷隆盛が、ともに佐幕派または倒幕派の一方の利害に拘泥せず、両派を含む来るべき国民国家日本の保全を最優先する点であり、立場を超克した二人の同性社会的な絆――西郷を念頭に、勝は「日本を救うものは知恵でもない、武力でもない、ただ一つの誠実さだ。［…］この誠実さ、苦労で鍛えた男の持っている誠実さだけが恐ろしい。恐ろしいだけに、わしは惚れ込む。わしの信頼するのは、この偉大な苦労人の持っている誠実さだけです」と語る――は[48]、劇中しばしば恋愛の比喩――勝は「わしが［西郷の］恋人になった」と語る――に託される[49]。江戸城明渡しに反発を見せる勝家の《女子供》は、こうした《男》同士の絆の対極を占めるのであり、それゆえ『江戸最後の日』の男性中心主義的な階層性、すなわち国民国家日本を想像し得る上位の《男》に対し、想像し得ない下位の《女子供》のジェンダー論的階層性は露骨である。

無論、《女子供》には成人した男性の登場人物も含まれる。すなわち《男》の主人公に襲い掛かるテロリストたちである。実際、第一章に見た通り、昭和初年の幕末映画『坂本龍馬』では、主人公坂本龍馬は自身をテロリスト佐々木只三郎の「馴染」と形容し、二人の間柄を遊郭の《男》と《女》に見立てた。テロリストは国民国家日本への想像力を持ち合せない善悪のメロドラマ者に描かれるが、こうした属性が佐々木の《女》化と共起するのである。『江戸最後の日』の場合も、勝暗殺を目論む幕臣内部の徹底抗戦組の一人塚本虎太郎（原健作）は前髪を垂らした伊藤彦造的な優男であり[50]、それゆえ魂胆を見抜いた勝に「そら小僧！手が震えとる！それで人が斬れるか！」と一喝される《子供》である。

こうした幕末映画のジェンダー論的階層性は、新撰組の衆道を問題化した大島渚監督の遺作『御法度』（一九九九年）、あるいは女性の登場人物を主人公に据えつつ幕末＝明治維新を描いたＮＨＫ大河ドラマ『篤姫』（二〇〇八年）、『八重の桜』（二〇一三年）、『花燃ゆ』（二〇一五年）などへの関心を掻き立てる。本節を閉じるに際しては、しかしながら、本章が焦点化した一五年戦争下に続く被占領期に視線を転じたい。具体的には、『江戸最後の日』のジェンダー論的陰画とも呼び得る『わが生涯のかゞやける日』（吉村公三郎監督、一九四八年）に分析を施したい。

『わが生涯のかゞやける日』は被占領期の《現在》に時間設定した現代劇である。それゆえ、幕末映画『江戸最後の日』との比較は突飛に見えるかも知れない。とは言え、本作の物語が一九四五年八月一四日、すなわち帝都最後の日に開幕する以上、両者に関連性を見るのは映画学的に説得的である。実際、『わが生涯のかゞやける日』の発端は、劇中の字幕に言う「敗戦前夜」のテロリズムである。江戸城明渡しを唱える『江戸最後の日』の勝同様、「ポツダム宣言の受諾こそ、日本を救う唯一の道」と信じ、言わば皇居明渡しを唱える重臣戸田光政（井上正夫）は、やはり幕末映画の無数のテロリスト同様、「国賊に天誅を加える」と叫ぶ徹底抗戦組の軍人沼崎敬太（森雅之）の銃弾に斃れる。駆けつけた愛娘戸田孝子（山口淑子）に対し、瀕死の父親は「日本が新しく生まれ変わるんだ。そのためには犠牲が要るんだ。悲しまないでおくれ」と遺言し、自身が悲哀のメロドラマ者である事実を観客に示しつつ絶命する。

字幕「一九四八年」が新たな場面の時間を同定する。幕末映画の山場の約束事を借用しつつ開幕した物語は、被占領期の東京の暗黒街に主戦場を移行する。表面に新聞人の仮面を被り、裏面に奸悪を行う顔役佐川政介（滝沢修）が登場する。佐川の情婦になり果てたヒロイン戸田孝子が、やはり敗戦に虚脱し、佐川一家の用心棒になり果てたモルヒネ中毒の沼崎こそ探し求める父親の仇敵と知るとき、すでに二人は相思相愛の間柄である。悪徳の限りを尽す佐川を殺害し、警察に自首する沼崎を戸田孝子が見守りつつ、『わが生涯のかゞやける日』は閉幕する。

このように、異性愛の成就と家族的紐帯の再構築をメロドラマ的に謳い上げる本作は、同時に敗戦後の「日本が新しく生まれ変わる」過程を通じ、如何に挙国一致するか、具体的には敗戦前のテロリズムを如何に帳消しするかを模索するイデオロギー装置とも解釈し得る。実際、戸田孝子と沼崎の熱愛は、沼崎を敗戦の虚脱から回復させると同時に、戸田光政と沼崎を擬制的父子に結びつけ[51]、それゆえ日本人間に入れられた降伏派と経戦派の深刻な亀裂を補修する。佐幕派と倒幕派の思想的対立を超え、日本人間の内戦を回避する《男》同士の絆の物語『江戸最後の日』から、テロリズムの被害者である降伏派と加害者である経戦派の絆を取り持ち、さらに《男》同士の絆へと再生させる《女》の物語『わが生涯のかゞやける日』へ。両者の比較からは、一九四五年八月一五日以前／以後の連続性が垣間見える。

註

1 伊藤大輔『王将』脚本、伊藤大輔著／伊藤朝子編『伊藤大輔シナリオ集』第二巻（淡交社、一九八五年）、九六頁。

2 日本戦没学生記念会編『新版きけわだつみのこえ　日本戦没学生の手記』（岩波書店、一九九五年）の場合、松岡欣平の手記は二〇九頁‐二一一頁に収録された。

3 朗読される箇所は、伊丹万作『伊丹万作全集』第三巻（筑摩書房、一九六一年）収録の『無法松の一生』脚本の場面五四‐五七（三〇五頁‐〇七頁）に相当する。

4 朗読される箇所は、伊丹万作『伊丹万作全集』第三巻（筑摩書房、一九六一年）収録の『無法松の一生』脚本の場面八六‐一〇二（三二一頁‐二四頁）に相当する。

5 伊丹万作『伊丹万作全集』第一巻（筑摩書房、一九六一年）の場合、「戦争責任者の問題」は二〇五頁‐一四頁に収録された。初出は『映画春秋』第一号（一九四六年）、三二頁‐三七頁である。

6 実際、ある映画学者は「伊丹の反戦思想的文章が『戦後』における一つの救いとして脚光を浴び［…］神格化が事後的に推し進められると、突如として彼を『被害者』と捉える同情的な物語ばかりが繰り返されるようになる。［…］『国策映画』に伊丹が加担していた事実さえ［…］記憶の中で否定されることになる」（山本直樹「風景の（再）発見　伊丹万作と『新しき土』」、岩本憲児編『日本映画とナショナリズム』［森話社、二〇〇四年］、六四頁‐六五頁）と主張する。無論、伊丹の「被害者」化とは、第一章に見たメロドラマ的想像力――「美徳は苦難を通じてのみ評価され得る」（Linda Williams, *Playing the Race Card: Melodramas of Black and White from Uncle Tom to O. J. Simpson* [Princeton: Princeton UP, 2001] 29）――が発動した結果である。アメリカ映画のヴェトナム戦争表象の政治学を分析した、塚田幸光『シネマとジェンダー　アメリカ映画の性と戦争』（臨川書店、二〇一〇年）の第四章「両足のない『身体』　ランボー、ジョーカー、『犠牲者』ナラティヴ」（一六九頁‐二一二頁）も示唆に富む。

7 兵藤裕己『〈声〉の国民国家・日本』（日本放送出版協会、二〇〇〇年）、一九一頁‐九五頁。

8 『無法松の一生』がフィルム・アーカイヴ的な立場から「復元」された事例を知るには、太田米男「映画『無法松の一生』再生」Ⅰ‐Ⅳ（『藝術』第一七号［一九九四年］、二四八頁‐六〇頁：第一八号［一九九五年］、九九頁‐一一一頁：第一九号［一九九六年］、一五九頁‐七〇頁：第二〇号［一九九七年］、一三四頁‐四五頁）が示唆に富む。

9 高瀬昌弘『我が心の稲垣浩』（ワイズ出版、二〇〇〇年）、四二二頁。

10 佐藤忠男『長谷川伸論　義理人情とは何か』（岩波書店、二〇〇四年）、三〇六頁。

11 実際、稲垣浩が主導した髷をつけた現代劇の持つ明朗性は、一五年戦争下の軍国主義の展開と表裏一体の関係にある（紙屋牧子「『明朗』時代劇の政治学　『鴛鴦歌合戦』を中心に」『演劇映像学二〇一二』第一集［二〇一二年］、一二九頁‐四六頁）。

12 兵藤裕己『〈声〉の国民国家・日本』（日本放送出版協会、二〇〇〇年）、二四一頁。

13 『風雲』撮影台本、早稲田大学演劇博物館：『風雲』撮影日誌、早稲田大学演劇博物館。

14 成田龍一『〈歴史〉はいかに語られるか　一九三〇年代「国民の物語」批判』（日本放送出版協会、二〇〇一年）、一六頁。

15 『坂本龍馬』公開当時の『キネマ旬報』は、五月末日付の通信に、本作の監督「枝正義郎氏は五月廿七日高知市に於て擧行された坂本龍馬銅像除幕式に妻三郎プロダクションを代表して參列する爲め同地に出張したが直ちに歸洛し目下次回作品選定中」（「日本各社撮影所通信」『キネマ旬報』一九二八年六月一一日号、七六頁）と報じた。

16 伊藤大輔『興亡新撰組』脚本、伊藤大輔著／伊藤朝子編『伊藤大輔シナリオ集』第一巻（淡交社、一九八五年）、一一五

頁‐一七頁。なお、『興亡新撰組』脚本を読む限り、新撰組幹部の芹沢鴨（市川小文治）や山南敬助（葛木香一）の死が描かれる際も、同様にそれぞれの「墓（実写）」が挿入されたようである（伊藤大輔『興亡新撰組』脚本、伊藤大輔著／伊藤朝子編『伊藤大輔シナリオ集』第一巻［淡交社、一九八五年］、九七頁‐一一〇頁）。

17 『海援隊長坂本龍馬』紹介、『キネマ旬報』一九三一年一月一一日号、七七頁。

18 友田純一郎『海援隊長坂本龍馬』時評、『キネマ旬報』一九三一年二月一一日号、一三五頁。

19 主人公が物語中盤に殺害されるアルフレッド・ヒッチコック監督『サイコ』（*Psycho*、一九六〇年）の問題を知るには、加藤幹郎『映画とは何か』（みすず書房、二〇〇一年）より第I章「サイコアナリシス　映画を見る（聴く）とはどういうことか」（一七頁‐四七頁）が示唆に富む。

20 『海援隊長坂本龍馬・京洛篇』紹介、『キネマ旬報』一九三一年二月二一日号、一〇〇頁。

21 この字幕の文言は、特に板倉史明主任研究員（二〇一一年四月当時）より、東京国立近代美術館フィルムセンター所蔵『海援隊快挙』（ID番号：八四一二一）の情報を提供していただいた。ご高配に感謝申し上げる。

22 加藤幹郎『『ブレードランナー』論序説　映画学特別講義』（筑摩書房、二〇〇四年）、四頁。

23 Yuejin Wang, "Melodrama as Historical Understanding: The Making and Unmaking of Communist History," *Melodrama and Asian Cinema*, ed. Wimal Dissanayake (Cambridge: Cambridge UP, 1993) 78-79.

24 Yuejin Wang, "Melodrama as Historical Understanding: The Making and Unmaking of Communist History," *Melodrama and Asian Cinema*, ed. Wimal Dissanayake (Cambridge: Cambridge UP, 1993) 79.

25 「第五九回帝国議会衆議院議事速記録」第四号、一九三一年一月二四日、四九頁。

26 『風雲』撮影台本、早稲田大学演劇博物館、場面一。

27 「七卿落」『広辞苑』第五版（岩波書店、一九九八年）。

28 『風雲』撮影台本、早稲田大学演劇博物館。

29 『風雲』撮影台本、早稲田大学演劇博物館、場面一四二‐四六。

30 「池田屋事件」『広辞苑』第五版（岩波書店、一九九八年）。

31 『風雲』撮影台本、早稲田大学演劇博物館、場面四七 - 六五。実際、撮影台本には、「使用ネガ　興亡前史九――池田屋乱闘」（『風雲』撮影台本、早稲田大学演劇博物館、場面一三〇余白）との覚書も残るため、前述の日活作品『興亡新撰組・前史』――本作の監督伊藤大輔は稲垣浩の師匠、また日活は『風雲』の配給会社――から池田屋事件の場面の映像を流用した可能性も想定し得る。『興亡新撰組・前史』は全一〇巻の作品であり、「興亡前史九」とは九巻目の意味かも知れない。

32 『風雲』撮影台本、早稲田大学演劇博物館、場面一二七 - 一二九。

33 『風雲』撮影台本、早稲田大学演劇博物館、場面一一九。

34 友田純一郎『海援隊長坂本龍馬』時評、『キネマ旬報』一九三一年二月一一日号、一三五頁。

35 北川冬彦『風雲・前篇』時評、『キネマ旬報』一九三四年一月二一日号、一〇二頁。

36 岸松雄『風雲・後篇』時評、『キネマ旬報』一九三四年五月一日号、一二八頁。

37 『新撰組』撮影台本、早稲田大学演劇博物館。

38 『二本松少年隊』撮影台本、早稲田大学演劇博物館。

39 前田愛『近代日本の文学空間　歴史・ことば・状況』（平凡社、二〇〇四年）、三六頁。

40 前田愛『近代日本の文学空間　歴史・ことば・状況』（平凡社、二〇〇四年）、三六頁。

41 東京国立近代美術館フィルムセンター所蔵の三五㎜版『江戸最後の日』の上映時間は九七分であるが（東京国立近代美術館フィルムセンター編『東京国立近代美術館フィルムセンター所蔵目録　日本劇映画』［東京国立近代美術館、二〇〇一年］、八四頁）、本書では一般的に流通する約七二分のＶＨＳ版を使用した。

42 本作の公開当時の評価を知るには、筈見恒夫「歴史映画のありかた」（『映画評論』一九四二年一月号、六四頁 - 六六頁）、双葉十三郎『江戸最後の日』時評（『映画評論』一九四二年一月号、七〇頁 - 七二頁）、水町青磁『江戸最後の日』時評（『映画旬報』一九四二年一月一日号、五八頁 - 五九頁）、「歴史映画の方向　『江戸最後の日』を中心に」（『映画旬報』一九四一年一二月一一日号、二〇頁 - 二四頁）などを参照せよ。

43 早稲田大学演劇博物館に残る稲垣浩旧蔵『江戸最後の日』関連資料は、請求番号順に①「改訂第二稿」と注記された『江戸最後の日』準備台本、②原作『江戸最後の日』切り抜き、③絵コンテや製作過程の情報を整理した『江戸最後の日』撮影覚書の三点を数える（『稲垣浩文庫目録』［早稲田大学演劇博物館、一九九三年］、九五頁）。

44 『風雲』撮影台本、早稲田大学演劇博物館、場面一四二。

45 「江戸城明渡し」『広辞苑』第五版（岩波書店、一九九八年）。

46 『江戸最後の日』準備台本、早稲田大学演劇博物館、三二頁。

47 実際、稲垣が演出上の反省点を付記した『江戸最後の日』の絵コンテを見ても、この箇所でカメラは勝に接近せず、勝の接写も挿入されず、この選択に対する反省の書き込みも認められない（『江戸最後の日』撮影覚書、早稲田大学演劇博物館、無頁）。

48 日本映画史と同性社会性の問題を知るには、四方田犬彦「トニーとジョー」（四方田犬彦／斉藤綾子編『男たちの絆、アジア映画　ホモソーシャルな欲望』［平凡社、二〇〇四年］、一九頁 - 六二頁）、斉藤綾子「高倉健の曖昧な肉体」（四方田犬彦／斉藤綾子編『男たちの絆、アジア映画　ホモソーシャルな欲望』［平凡社、二〇〇四年］、六三頁 - 一二〇頁）、四方田犬彦『『七人の侍』と現代　黒澤明再考』（岩波書店、二〇一〇年）、一一三頁 - 一四頁などが示唆に富む。

49 とは言え、前述の通り、『江戸最後の日』に登場する西郷隆盛は「大山の如き［…］影」（『江戸最後の日』準備台本［早稲田大学演劇博物館］、三二頁）のみであり、本作の《男》同士の絆が幻影に過ぎない事実を逆照射する。

50 挿絵画家伊藤彦造の作家的経歴を知るには、松本品子／三谷薫編『伊藤彦造　降臨！神業絵師』（河出書房新社、二〇一二年）が示唆に富む。

51 メロドラマと擬制的家族の問題を理解するには、Ken K. Ito, *An Age of Melodrama: Family, Gender, and Social Hierarchy in the Turn-of-the-Century Japanese Novel* (Stanford: Stanford UP, 2008) が示唆に富む。

第四章　運命《線》上に踊る女と男

マキノ雅弘『いれずみ半太郎』分析

第一節　林則徐の呼び掛け

理智に優れ、道義を弁え、伝統的騎士道を覚悟すると事々に自讃する、大英帝国の紳士諸君。たとえ君たちがこの戦いに如何なる口実を捏造しようとも、正しい歴史は必ず君たちの非道と奸計を指摘するだろう。そして君たちは必ずいつの日か、いつの日か、この世に蒔いた悪の種を、自らの手で、必ず自らの手で、刈り取らねばならぬ日が来るだろう。

清国の植民地化への尖兵を自任する大英帝国の阿片商人チャールズ（青山杉作）と軍人ジョージ（鈴木傳明）のエリオット兄弟による執拗な挑発と陰謀に対し、軍事衝突の回避に努めながらも果せず、遂に両国間に阿片戦争（一八四〇年-四二年）の戦端が開かれたとき、清国の広東総督林則徐（市川猿之助［二代目］）は総督府の楼閣から燃え盛る街々に臨み、以上のように独白する。カメラは長台詞を通じ、林を真正面から捉え続ける。第一章に言及した原型的メロドラマ『嵐の孤児』（*Orphans of the Storm*、一九二一年）を阿片戦争前夜の清国の物語に翻案した一五年戦争下の国策映画『阿片戦争』（マキノ正博監督、一九四三年）は、「本能寺の織田信長」[1]を連想させる上記の大詰の場面が有名な映画である。形式上、滔々と弁じ立てる林の姿は、遥かに街々を望む林を背後から捉えた俯瞰と切り返しの関係、すなわち街景を望む主体が演説中の林と遡及的に同定される関係を取り結ぶ。とは言え、林を捉える長廻しが古典的物語映画の切り返しに従順に回収され切らないのは、市川猿之助の演技が「歌舞伎の大見得を切る」所作に接近する点[2]、林に後光が差すような特異な照明設計の点などに明白である。実際、カメラに発せられる林の激越な非難声明は、眼下の街々破壊し始めた「大英帝国の紳士諸君」に向けられると言うより、むしろ銀幕の『阿片戦争』を見詰める一五年戦争下の日本人を狙い撃つかのようである。

興味深いのは、こうした荒唐無稽な大詰の演出が、第一章に見た昭和初年の幕末映画に対する、本作の批評的距離に通じる点である。実際、「阿片戦争は［…］中国の『現代史（modern history）』の起源を画する国民的な『傷』」であり[3]、欧米列強の植民地主義の圧力を受けた点で、日本史上の幕末＝明治維新にも相当する。それゆえ、『阿片戦争』の林から観客への呼び掛けは、否応なく昭和初年の幕末映画、例えば『坂本龍馬』（枝正義郎監督、一九二八年）の主人公から観客に向けた呼び掛けを想起させる。『坂本龍馬』の場合、テロリズムに斃れた主人公は《近未来》との超時空的な連帯を願いつつ、想像の切り返しを通じ、昭和初年の観客と愛国者同士の絆を結ぶ。これに対し、『阿片戦争』の場合、カメラに正対した林の台詞が《近未来》――「必ずいつの日か、いつの日か」――を含むとは言え、一五年戦争下の日本人に対し、超時空的かつ汎アジア主義的な連帯などは問題化されず、映画の形式上、観客は林の植民地主義者への非難声明を正面から浴びせ掛けられる。第三章に確認した通り、一五年戦争下の進行相の幕末映画が想像の切り返しを回避しつつあるとき、昭和初年の幕末映画における約束事を換骨奪胎し、カメラ目線の主人公の下、一五年戦争下の日本人と阿片戦争下の大英帝国の植民地主義者との相同性を示唆した――少なくとも、こうした批評的解釈の余地を残す国策映画を監督した――離れ業を目撃すれば、映画作家マキノ雅弘が「映画という祭り」[4]の祭司のように見えるのも自然かも知れない。

マキノの離れ業は、古典的物語映画に突出したテクスト的細部を構成し、それゆえ映画言説共同体の関心を呼び覚まし易い。とは言え、マキノの作家的資質は規範からの逸脱の大胆さのみには立脚しない。一編の映画的テクストの首尾一貫性を堅固に構築する細心さも、またマキノの魅力の一面と言える。本章は、長谷川伸の演劇的テクスト『刺青奇偶』（東京・歌舞伎座、一九三二年）に原作を仰ぐ股旅映画『いれずみ半太郎』（マキノ雅弘監督、一九六三年）のテクスト分析を通じ、マキノ雅弘の繊細さ、言わば映画という祭りの祭司の日常を素描する試みである。

周知の通り、『いれずみ半太郎』と同じ一九六三年公開の『人生劇場・飛車角』二部作（沢島忠監督）は、事後的に東映任侠映画の嚆矢とも目される作品である。第二章に見た通り、そもそも股旅映画とは、昭和初年の日本映画界における旧派／新派の初期的二分法から時代劇／現代劇の古典期的二分法への移行を背景に、時代劇／現代劇間の境界線上に誕生を見たのであるが、任侠映画もまた、長谷川伸文学を霊感の源泉に、明治維新以前を描く時代劇の世界を明治・大正期から昭和初年、すなわち一九六〇年代、すでに現代劇の守備範囲と見るには古色蒼然に過ぎる時間設定に移植した点で、同様に境界的である。[5] しかし同時に、股旅映画が古典期的二分法への移行の申し子であれば、古典期的二分法を転覆しかねない任侠映画の誕生、言い換えれば明治・大正期から昭和初年までを描く任侠映画と常時更新される《現在》を描く現代劇の二分法、あるいは明治維新以前を描く時代劇、明治・大正期から昭和初年までを描く任侠映画、常時更新される《現在》を描く現代劇の三分法の可能性は、股旅映画の存在理由の再検討と表裏一体に違いない。スタジオ・システムの有名無実化に伴う産業論的転回と連動し、古典期的二分法が岐路に立ち始めたとき、日本映画史に独自の個性を示すマキノ雅弘の作家性は、日本映画史に独自の境界的位置を占める股旅映画と如何に交錯したのか。本章は両者の遭遇の記録である。

第二節　落下の回避

花街からの帰るさ、酔い醒ましに夜風に吹かれる心算か、川端を漫ろに歩く大川橋蔵の博打打。折しも丘さとみの宿場女郎が物憂げに突堤を川中に進みつつある。男は女に声を掛け、彼女の手を引き、突堤を川端まで連れ戻し、身投げを思い止まらせる。見知り越しの二人は偶然の再会を果し、また一段、物語はメロドラマ的な階梯を上る。

『いれずみ半太郎』は忘却の淵に沈められた映画である。無論、『用心棒』（一九六一年）や『椿三十郎』（一九六二年）などの黒澤明時代劇を契機に、今度は集団抗争時代劇が台頭しつつあり、また前述の通り、東映任侠映画も開花を目前に控えた当時の日本映画界からは、二枚目の「正統」[6] 大川橋蔵の股旅映画などは古色蒼然と見えたであろうし、『キネマ旬報』に本作の時評が見当たらないのも、映画雑誌の商業性に鑑みれば、むしろ自然である。[7] 実際、公開からの半世紀を見渡しても、映画評論家山根貞男の事例などを除き、[8]『いれずみ半太郎』を巡る言説は稀少である。黙殺された映画的テクストに最初に、または再び光を投じるには、映画言説共同体の関心を喚起し得る説得的な理由が必要であるが、まずは以下のように主張したい。本章が『いれずみ半太郎』を映画的テクスト分析の俎上に載せなければならないのは、前述の博打打と宿場女郎との邂逅に際し、ヒロインが川中に落下しないからである、と。

周知の通り、『いれずみ半太郎』の原作である長谷川伸の演劇的テクスト『刺青奇偶』は、映画作家稲垣浩に対する長谷川自身の告白によれば、アメリカ映画『紐育の波止場』(*The Docks of New York*、一九二八年)に霊感を得た戯曲である。[9] 実際、『紐育の波止場』も『刺青奇偶』も、主人公の男女が最初に巡り合う場面では、ヒロインが水中に身を翻す。[10] にもかかわらず、『いれずみ半太郎』のヒロインだけが、蹌踉と突堤を歩きつつも、遂に水中に落下しないのは奇妙であろう。

この出来事の奇妙さは、また別の角度からも指摘し得る。そもそも映画とは、言わば水で書かれた物語である。先行の表象媒体である演劇の臍の緒を引いたままの初期映画が、にもかかわらず映画であり得た一因は、天下三大不如意にも数えられる水の運動を迫真的に表象し得たためである。[11] 事例を日本に探しても、現存する最初期の劇映画『忠臣蔵』(一九一〇年‐一一年)には歌舞伎的な書割の場面が散見されるが、討入の場面に続く川端の殺陣の場面は実際に川端で撮影され、斬られ役は水飛沫を上げつつ水中に落下する。無論、忠臣蔵の本家歌舞伎の演出にも本水——「舞台で本ものの水を使うこと。またその水をいう。大道具に属する」[12]——と呼ばれる外連が存在するが、本水が外連に含まれる事実自体、水と演劇の相性の悪さを露呈させる。映画『いれずみ半太郎』の丘さとみは、映画『忠臣蔵』同様、やはり水飛沫とともに川に身を躍らせるべきである。

こうした問題提起に対し、古典期日本映画を律するスタジオ・システムを念頭に、消極的な結論を下すのも可能である。例えば、丘さとみの水中への落下の撮影に必要な美術や衣装の経済的余裕が、東映京都撮影所の量産する番組映画の一編に過ぎない本作には望み得ず、それゆえ落下が回避されたとの結論である。無論、綿密な一次資料の調査に裏づけられれば、こうした結論も傾聴に値する。しかし同時に、こうした結論は、落下の回避が持ち得る積極的な意味の可能性を取り逃がしたままである。落下の回避を映画的テクストの事件と見る感性が、マキノ雅弘の作家性を掴む手掛かりをもたらすはずである。

第三節　なぜに半太郎、江戸を売る

『いれずみ半太郎』は江戸のある賭場の場面から始まる。半太郎（大川橋蔵）は丁半の運が向かず、この賭場に拵えた十両の借金を踏み倒し、土地の破落戸と大立回りの挙句、最愛の母親お作（夏川静枝）を一人残し、江戸を逃れる。この導入の場面を巡り、私たちは少なくとも二点、記憶しなければならない。第一は、賭場の様子を大掴みに提示した一連の状況設定の箇所、賭場での諍いを逃れた半太郎が大江戸の闇夜を駆ける箇所、ともにカメラもしくは被写体が右手から左手へ、ほぼ一貫した展開を見せる事実である。こうした演出上の方向性は、『いれずみ半太郎』を巡る地政学に鑑みても合理的である。

実際、物語の展開を先取りすれば、『いれずみ半太郎』は前門の虎、後門の狼の喩えの通り、江戸と小田原のそれぞれを縄張に持つ二組の悪玉を相手に、同時に闘争する羽目に落ちた大川橋蔵の半太郎と丘さとみのお仲が、両地点を結ぶ東海道上を右往左往し続ける映画である。それゆえ、東海道を江戸から西方に落ち延びる――この事実は後続の場面、すなわち半太郎とお仲の運命が最初の交錯を見せる場面が小田原に空間設定された点から遡及的に推察される――半太郎の逃走が左手を指向するのは、日本映画を見馴れた観客の目には意味深長である。半太郎を取り巻く左手への運動が、例えば古地図の描く東海道の《線》を、江戸から西方に辿る際の眼球運動とも感覚的に共振するからである。[13] 実際、第五節に見る通り、江戸と小田原を結ぶ東海道の《線》は、『いれずみ半太郎』の物語論的核心の一端を担うはずであり、それゆえ《線》を巡る観客の注意を早々に喚起するためにも、導入の場面におけるカメラまたは被写体の左手への展開は合理的なのである。

記憶すべき第二の点は、やはり半太郎を取り巻く運動に関連する。前述の通り、半太郎が諍いを始め、地廻りの追跡を逃れつつ母子の長屋に戻り、侘住いの裏窓から姿を晦ますに至るまで、カメラあるいは被写体は左手への運動を基調に据えた。この一貫性に加え、半太郎が大江戸の闇夜を駆ける模様を俯瞰した箇所は、計算された屋根瓦の配置が巧妙に視線を誘導し、それゆえ半太郎の身体が描く運動の軌跡を、観客は一本の《線》のように認識させられる。

こうした主人公の《線》的動性と対比されるのが、半太郎の母親の静性である。長屋に帰り着いた息子に「お逃げ」と諭す母親は、しかしながら、事態の切迫にもかかわらず、部屋の中心に座を占めたままである。それゆえ、半太郎は画面右手の表戸から左手の裏窓へ、母親の脇に軌跡を残しつつ逃走し、地廻りも文字通り／映像通り、母親を踏みつけに半太郎を追跡する。このとき、縫物を抱えたまま俯く母親の姿が俯瞰で捉えられる。母親の様子は、やはり俯瞰された半太郎の動的な疾走とは対照的に静的である。半太郎の動的身体が引いた《線》上に、まさに《点》のように静止する母親。この《点》が不吉な印象——実際、物語の後半では母親の孤独死が示唆される——を残すならば、今後『いれずみ半太郎』の《点》と《線》の主題は如何なる展開を見せるのだろうか。

第四節　垂直運動の句点

古典的物語映画の約束事に従い、溶暗／溶明が新しい場面の開幕を告げる。二枚の字幕「それから三年」と「相州小田原」が時間と空間を同定する。導入の江戸の場面ではひ弱な印象を残した半太郎の、今度は自信に満ちた挙措や言葉遣い、整えられた身形などが、やはり三年の歳月を示唆する。

すでに半太郎は江戸の借金を清算し、堂々と母親の元に戻るための十両を稼ぎ終わり、小田原に草鞋を脱いだ貸元原の嘉十（進藤英太郎）に別れを告げる心算である。半太郎に目を掛ける貸元は惜別の酒宴を催し、帰るさの川端、第二節に見た通り、半太郎はお仲に再会する。このとき、お仲は川中に落下しない。とは言え、この選択の持つ積極的な意味を理解するには、私たちの議論は未熟である。むしろ、早々に確認すべきは、『いれずみ半太郎』の原作に霊感を与えた『紐育の波止場』の場合、ヒロインB・カンプソンは海中に落下した事実である。

初見から把握し得る通り、『紐育の波止場』は主人公の船員G・バンクロフトの周囲に生起する上昇または下降の映像的主題を通じ、物語的に句点を打たれた映画である。この主題は、七つの海に生きる船員が放浪に読点を打つに至る「上陸第一歩」[14]の物語を構造化し、本作を首尾一貫した映画的テクストに仕立て上げるとともに、主人公の男女がメロドラマ的に遭遇する箇所のヒロインの落下を合理化する役目も担う。

本作の劈頭、G・バンクロフトを乗せた船が紐育の波止場に滑り込む様子が水平移動で捉えられると、今度は錨が海中に吸い込まれる様子が俯瞰に示される（下降①）。映画的テクストは水平と垂直の映像的主題を二項対立的に配置し、それぞれに放浪と定住を象徴させる。荒くれた船員を待ち受ける港町の酒場は、すでに乱痴気騒ぎの最中であり、前進または後退するカメラの滑らかな水平運動が、一期一会の酩酊を映像に翻訳する。縄梯子を伝い、G・バンクロフトも船から陸に下り（下降②）、折しも海中に身を投じた酒場女B・カンプソンを救わんと自身も海中に飛び込み（下降③）、無事に女を助け上げ、再び陸に戻る（上昇①）。男は女を抱えたまま、女を二階の寝室に運び込むため、酒場の階段を上がる（上昇②）。

女は正気に返り、自身を助けた見知らぬ男と言葉を交わす。このとき、メロドラマ的な異性愛の成就と家族的紐帯の構築への階梯に踏み出した孤独な女と男を祝福するように、濡れ鼠の男の絞る布からは威勢よく水が滴り落ちる（下降④）。男は酒場に入り、酒樽を頭上に掲げ、文字通り／映像通り、零れる酒を浴びるように飲む（下降⑤）。女も酒場に戻り、男は女との結婚を宣言するため、一段高い酒場の一隅に立つ（上昇③）。

夜が明ける。男は二階の女の部屋を抜け出し、船が着く日に咲かせた花を、船が出る日に散らす心算である。折しも女が殺人未遂の嫌疑を受け、男は女の窮地を救うため、再び二階に戻る（上昇④）。女の朋輩が発砲を自供し、女は解放される。男は女から去り、男を乗せた船はそのまま出港するものの、女への愛情に後ろ髪を引かれた男は、港町に泳ぎ帰らんと海中に身を投じる（下降⑥）[15]。

このように、映画的テクスト『紐育の波止場』では、G・バンクロフトの巻き起す垂直運動の主題が物語に句点を打つ度、男女のメロドラマ的愛情が深化する。それゆえ、男女の運命が最初に交錯する身投げの箇所でも、やはりG・バンクロフトの周囲には垂直運動が生起しなければならない。すなわち、G・バンクロフト自身の海中への飛び込みである（下降③）。男は海中に落下しなければならない。それゆえ、男の落下を誘発するには、女も海中に没しなければならない。物語と映像的主題の相関性を維持し、映画的テクスト『紐育の波止場』に首尾一貫性を付与するため、女は身投げを選択したのである。

私たちは『紐育の波止場』のB・カンプソンの海中への落下を主題論的に合理化した。とは言え、私たちはすぐに新たな問いに直面する。『いれずみ半太郎』のヒロインの落下の回避にも、『紐育の波止場』同様、主題論的な合理性を認め得るだろうか、と。自殺を思い止まらせた半太郎は、女衒金八（多々良純）の魔手からお仲を救うため、江戸に戻るには入用の十両を元手に、小田原の貸元に丁半博打を挑み、勝負は裏目に出る。遂に万策尽き、ままよとばかりに旅立つ半太郎と、半太郎を慕い、小田原を抜け出したお仲。二人の運命が再び東海道に交錯するとき、新たな問いへの答えの可能性を、私たちは思い描き始めるはずである[16]。

第五節　東海道、または《線》上の物語

再び溶暗／溶明が新しい場面の開始を告げる。相模湾に見立てられた海景を右手に望みつつ、江戸へ下る半太郎の背後に、小田原の貸元一味の魔手から逃れたお仲が駆け寄る。二人は再会し、明示されないものの、半太郎はお仲の真心に惹かれる。一連の遣り取りを通じ、東海道に見立てられた道筋の白い《線》が画面を対角的に横切り、《線》上に二人が佇む構図の超遠景が前後二回示される。

後続の場面は、やはり東海道の平塚宿に空間設定される。半太郎とお仲は旅籠の一室に入り、来し方行く末を語り合う。一方、二人の部屋から窓越しに往来を望めば、小田原の貸元一味の追手が早くも平塚入りする様子が認められる。

この二つの場面を通じ、『いれずみ半太郎』は物語論的に転回する。具体的には、後続のメロドラマ的展開を規定する、言わば闘争の規則が確立する。前述の通り、本作は前門の虎、後門の狼の喩えよろしく、悪玉の白刃を腹背に受けた女と男の道行の物語である。二つの場面を通じ、半太郎の胸中には、江戸に残した母親と再会し、お仲を伴侶に、三人の堅気の生活を営む夢、典型的にメロドラマ的な異性愛の成就と家族的紐帯の再構築の夢が膨らみ、前向きな夢はお仲にも共有され始める。それゆえ、二人は小田原の貸元の追跡を躱しつつ、江戸の貸元に渡す十両を再び整えなければならない。仮に二人が無事に十両を入手し得れば、『いれずみ半太郎』は二人の勝利に終わる。逆に二人が江戸に帰り着く以前に、小田原の貸元一味が二人の居場所を同定すれば、半太郎は殺害され、お仲は再び苦界に身を沈めるとの敗北が待ち受けよう。勝利か！敗北か！これが上映時間の約三分の一を費やしつつ確立された、『いれずみ半太郎』の闘争の規則である。

とは言え、こうした規則の確認自体は、そもそもメロドラマが「妥協の余地のない対立項としての善悪の闘争」を基本的特性に持つ事実に鑑みても[17]、偏に予定調和的である。むしろ本章が着目すべきは、善悪のメロドラマに通底する汎近代的な闘争の規則に対し、日本映画史に固有の仕方で働き掛けるトポス、すなわち東海道の問題である。

実際、日本映画史を通じ、東海道は創造的なトポスであり続けた。思い浮ぶままに事例を連ねても、前述の『忠臣蔵』の大石東下りの場面を遥かな先達に、『御誂治郎吉格子』（伊藤大輔監督、一九三一年）や『エノケンのちゃっきり金太』（山本嘉次郎監督、一九三七年）や『薩摩飛脚』（内出好吉監督、一九五一年）などの時代劇、あるいは東海道を東海道本線に読み替えれば『天国と地獄』（黒澤明監督、一九六三年）、東海道新幹線に読み替えれば『新幹線大爆破』（佐藤純彌監督、一九七五年）などの現代劇も含め、東海道に空間設定した日本映画は無限である。とは言え、こうした作例の描く東海道が高度の抽象化を施されたのも事実である。実際、時代劇の描く東海道は、しばしば宿場と宿場の間隙に事後的に連想される空白――例えば、江戸の怪盗鼠小僧治郎吉（大河内傳次郎）が東海道を上方に逃亡する過程が、各宿場を描いた歌川広重の浮世絵集『東海道五十三次』を繰る過程に還元される『御誂治郎吉格子』劈頭――であり、仮に『いれずみ半太郎』のように街道自体が画面に登場する――実際に撮影されたのは近畿地方であろうが――場合も、登場人物が周囲の風景と交感し、挙句に街道を外れるような空間的可能性を排除する限りは、東海道は《面》には拡張し得ない。如何に波瀾万丈のメロドラマが展開されようとも、登場人物に許されるのは東海道の《線》上の可動性であり、事程左様に東海道とは強力な磁力を備えたトポスなのである。

こうした東海道のトポス的特性を念頭に置けば、私たちは『いれずみ半太郎』の闘争の規則を以下のように個別化し得る。すなわち、『いれずみ半太郎』は江戸と小田原を結ぶ《線》、具体的には前掲の超遠景を対角的に横切る道筋の白さに対し、映画史的想像力を乗じ、ようやく脳裏に浮上する東海道の《線》上を、主人公の男女と悪玉が右往左往する道中双六であり、前者が《線》上の可動性を維持し、江戸に生還し得た場合は前者の勝利に、後者が前者の《線》上の可動性を剥奪し得た場合は後者の勝利に終わる。マキノ雅弘が正博を名乗る当時に監督した『運命線上に躍る人々』（一九三〇年）に因めば、まさに『いれずみ半太郎』とは運命《線》上に踊る女と男の物語なのである。[18]

『いれずみ半太郎』を《線》上のメロドラマと解釈したとき、第三節に見た、半太郎と母親の身体的対照性の持つテクスト的位置づけも遡及的に鮮明化する。実際、導入の場面に描かれる半太郎の動的身体が《線》を想起させたのに対し、半太郎の《線》上に運動性を放棄した母親の静的身体は不吉な《点》に収斂した。《点》が《線》上に可動性を喪失する事態の危機性を早々に示唆し、運命《線》上のメロドラマの闘争の規則を主題論的に予示したのである。それゆえ、半太郎と母親の対比は映画全編の換喩であり、事程左様に『いれずみ半太郎』は繊細な映画的テクストなのである。さらに《線》上の物語と《線》上の主題の相関性を追跡しよう。

第六節　虎口／安息／末期

前述の通り、半太郎とお仲は平塚宿の旅籠に投宿中である。とは言え、お仲は半太郎を慕うがゆえに、半太郎に重荷を負わせるのが心苦しい。半太郎の留守中、お仲は小田原に戻るべく、追手の悪玉の面前に姿を見せる。事情を察した半太郎が駆けつけ、悪玉と剣劇を繰り広げる間、お仲が街道脇の竹林を一目散に走り抜く有様が、映画作家マキノ雅弘の署名とも呼ぶべきパン繋ぎの技法とともに描かれる。[19]

実際、『血煙高田の馬場』（マキノ正博監督、一九三七年）の阪東妻三郎が見せる疾走――阪東扮する天衣無縫の浪人中山安兵衛が、菅野六郎左衛門（香川良介）の果し合いの助太刀へと駆けつける[20]――の至芸に圧倒されがちなものの、マキノ的パン繋ぎの被写体はしばしば女性、より正確には男性中心主義に精神の深刻な危機を迎えたヒロインである。[21]『婦系図』二部作（マキノ正博監督、一九四二年）のヒロインお蔦（山田五十鈴）が最愛の伴侶早瀬主税（長谷川一夫）――早瀬は恩師酒井俊蔵（古川緑波）の愚劣な指図に従い、お蔦と離別した――の旅立ちを駅舎に陰ながら見送る箇所、あるいは『肉体の門』（小崎政房／マキノ正博監督、一九四八年）の与太者（田端義夫）に貞操を奪われた少女夏目マヤ（月丘千秋）が街中を疾走する箇所などが想起される。それゆえ、パン繋ぎとは本来的にはメロドラマ的な技法である。実際、『血煙高田の馬場』のパン繋ぎが「永遠に現在進行形の運動、いわば運動下にある運動」を提示するのとは対照的に、[22]ヒロインの疾走にはメロドラマ的な情動、すなわち男性中心主義の抑圧が閾値を超え、精神の深刻な危機に追い込まれ、それゆえ非日常的な疾走を余儀なくされた犠牲者の恨みが満ち溢れる。[23]疾走を断片化する編集の鋏により、ヒロインの身体が裁断され、第一章に見た、メロドラマに特徴的な「身体の表現主義的な美学」[24]と等価の効果を発揮するに至るパン繋ぎの系譜に、『いれずみ半太郎』も連なるのである。付言すれば、ヒロイン主体のパン繋ぎが、轟夕起子が疾走する『續清水港』（マキノ正博監督、一九四〇年）、前述の『肉体の門』、問題の『いれずみ半太郎』など、しばしば明暗の対照性を強調した照明設計と共起するのも、表現主義とメロドラマとの親和性の自然な帰結である。

このように、『いれずみ半太郎』のパン繋ぎはヒロインの精神の危機を銀幕に表現したが、驚くべきは、ここでのパン繋ぎが《線》上の物語『いれずみ半太郎』と主題論的にも共鳴する事実である。実際、パン繋ぎが一定方向への疾走の断片的映像を累積する際、各断片の持続時間は段階的に短縮する傾向にある。この傾向は『いれずみ半太郎』にも該当する。すなわち、竹林を一直線に駆けるお仲を提示し始めた当初は、画面の左手から右手へ、お仲が一定の距離を走破する運動が反復的に視認され得たのに対し、中途からは顔面の明滅が瞬間的に知覚され得るのみである。このとき《線》上の物語と《線》上の主題は見事に連携する。お仲が東海道の《線》上の可動性を喪失し、『いれずみ半太郎』の闘争に敗北しつつあるとき、パン繋ぎの各断片の持続時間、すなわちお仲が画面左手から右手に《線》上を走破する自由も次第に圧縮され、最終的にはほぼ静止状態に置かれるからである。『いれずみ半太郎』のパン繋ぎは、ヒロインの精神の危機を表象するメロドラマ的な技法であると同時に、物語と映像的主題の同期にも積極的に貢献するのである。

平塚宿に辛くも虎口を脱した半太郎とお仲は、幸運にも神奈川近在のある居酒屋の二階に匿われる。折しも祭礼の夜、「わしが見た目じゃ、あいつら［追手］が悪い」はずだと即断し、メロドラマ的な「美徳の記号」[25]の識別能力を誇示する居酒屋の隠居おせき（東竜子）を筆頭に、多くの純朴な村人に囲まれた二人は、彼らの厚意に報いようと、得意の唄と三味線――お仲が弾き、半太郎が歌う――を披露する。一方、追手は神奈川の貸元鮫の政五郎（阿部九州男）に助太刀を要請し、二人の身柄を押える網の目を狭めつつある。

長谷川伸文学に通じた観客は、映画化の際に創作された、半太郎とお仲が唄と三味線を披露する箇所から、第二章に見た『沓掛時次郎』を想起するに違いない。主人公の男女が小諸の追分節を流し歩く第二幕「中仙道熊谷宿裏通り」である。[26]とは言え、本章が着目すべきは、居酒屋に匿われたお仲の何気ない仕草に、お仲の深い安堵を主題論的に託したマキノ雅弘の演出である。

私たちが問題の仕草を目撃するのは、居酒屋の屋根裏に身を落ち着けたお仲が三味線を爪弾くときである。階上から漏れ聞こえる音色に、半太郎とお仲いずれの撥撥きかと言い争い、遂には口論を始める階下の亭主小平（河原崎長一郎）と新妻お糸（立川さゆり）。二人の高声に気づき、三味線を横たえたお仲の指先が静かに弦を撫でる。ここに私たちは《線》上の主題の変奏を認める。実際、相模湾に臨む街道での再会以来、お仲と半太郎は不安な時間を過ごした。竹林の乱闘に際し、《線》上の可動性を段階的に喪失したお仲の身体は、この事実を主題論的に立証する。しかし今夜は、同じお仲の指先が三味線の弦の《線》上を静かに往還し、カメラも干渉を控え、お仲を遠景のまま見詰め続ける。つまり再び、悪玉から身を躱した二人の逃亡者が東海道の《線》上に可動性を回復する物語と、ヒロインの指先が三味線の弦の《線》上を往還する映像的主題が、見事な共鳴を響かせるのである。

とは言え、この夜の安息は長続きしない。翌日、神奈川宿の突破を試みた半太郎とお仲は、悪玉の厳重な警戒に立往生しかけるものの、新たな偶然の幸運から半太郎の旧友初造（長門裕之）に匿われる。とは言え、長旅の労苦が祟り、お仲は病床に伏す。恋人に重荷を負わせた自責の念に苦しみ続けるお仲に対し、半太郎は終生変わらぬ真心を誓いの針先に込め、左の二の腕に「おなか」の刺青を彫り込む。

原作を大幅に改変した刺青の箇所は、実際いささか感傷的に過ぎる。[27]しかし同時に、これまでに見た《線》上の主題に鑑みれば、この箇所の合理性も理解し得る。

無論、ここでの《線》とは半太郎の左腕である。彫り終えた刺青を見せるため、半太郎が病床のお仲に左腕を差し出すとき、文字通り／映像通り、「おなか」は《線》上に静止する。劈頭の母親の身体以来、あるいはメロドラマ的な闘争の規則の確立以来、《線》上の静止は不吉な映像的主題であり続けた。それゆえ、半太郎が左腕に「おなか」の刺青を彫るのは、二人には心中にも等しいはずである。無論、お仲の命の灯が消えつつあるとの医者の診断を受け、半太郎はお仲に不朽の愛情を示すために刺青を彫り込む。とは言え、主題論的に振り返れば、むしろ半太郎が「おなか」の記号を左腕の《線》上に静止させたために、お仲は末期を迎えるのである。

お仲に一目、江戸を見せたいばかり、神奈川の貸元の賭場に忍び込み、いかさま博打に荒稼ぎした半太郎。しかし願いも空しく、お仲は死、すなわち東海道の《線》上における可動性の喪失を迎える。賭場に半太郎を見掛けた三下の注進を受け、悪玉がお仲の死の床に押し寄せる。お仲を虐げた女衒を血祭に、半太郎は悪玉を片端から斬り殺す。

第七節　影と足跡

議論を整理しよう。本章が着目したのは、東海道の《線》上を右往左往する善悪二組の人間の物語と、物語の要所に示される《線》上の主題の連携である。実際、竹林の立回りの折のように、追手に囲まれた半太郎が東海道の《線》上に亡骸を晒しつつあるときは、お仲が《線》上を走破する自由もパン繋ぎに制限され、二人が善良な村人とともに安息の一夜を迎えるときは、お仲の指先が三味線の弦の《線》上を滑る自由も回復する。最後に「おなか」の刺青が半太郎の左腕の《線》上に静止したとき、お仲も東海道の《線》上に永遠に静止するのである。

ここまでの議論を通じ、そもそも私たちが本章を書き／読み始めた契機の問い――なぜ『いれずみ半太郎』のヒロインは水中に落下しないのか――も解消したはずである。お仲の落下の回避も《線》上の物語と《線》上の主題との同期に貢献するからである。実際、投身を図る箇所のお仲は、突堤の《線》上を川中に歩み進め、様子を察知した半太郎に手を引かれつつ、今度は突堤の《線》上を川端に戻る。この往還運動の自己主張は、例えばお仲の指先が三味線の弦の

《線》上を滑る控え目な振幅と比べても圧倒的である。一方、物語に目を転じても、善悪二組が登場する東海道の《線》上の善悪のメロドラマは、まさに闘争の規則を成立させつつある。それゆえ、お仲が突堤の可動性を謳歌する《線》上の主題は、実際には、二人の主人公が東海道の《線》のトポス的磁力に巻き込まれつつある状況、半太郎とお仲の邂逅が東海道の《線》上の闘争を誘発しつつある状況を明快に反映する。『紐育の波止場』のB・カンプソンの身投げがG・バンクロフトの下降を招来したように、『いれずみ半太郎』の丘さとみもまた、物語と主題の連動を維持するには、落下を回避せざるを得ないのである。

最後に『いれずみ半太郎』を総括する浜辺の場面を見よう。悪玉を片端から斬り殺した半太郎は、初造夫婦に見送られつつ、お仲の亡骸を抱え、孤独に歩み始める。この場面が太陽の位置の低い時間帯――脚本では「暁暗」[28]、丘さとみの回想では「夕方」[29]――に設定されたのは興味深い。この設定を通じ、半太郎とお仲はなお《線》上に位置し続けるからである。実際、半太郎の後方には初造夫婦の影と半太郎の足跡の《線》が伸び、前方にも低位置からの太陽光を受けた半太郎の細長い影が伸びる。お仲の死にもかかわらず、二人は再び《線》上の可動性を回復したかのようである。

とは言え、この場面が『いれずみ半太郎』の結尾に相応しいのは、本作を貫く《線》上の物語と《線》上の主題との同期に破綻が生じるからである。実際、お仲の死とともに、二人の主人公は東海道の《線》上の闘争に敗北したはずである。それゆえ、お仲を抱えた半太郎が影と足跡の《線》上に見せる前進は、本来的には倒錯的な身振りである。明日を前向きに夢見るように義務づけるメロドラマ的想像力が、一人の人間の理不尽な死に直面し、自身のイデオロギー的限界に動揺するとき、半太郎は《線》上の可動性を取り戻す。最愛の伴侶を喪失し、それゆえ明日に仮構すべきメロドラマ的目的を喪失した半太郎は、なおも勝者を模倣し、《線》上を前進しつつ、明日を夢見なければならないのか。《線》上の物語と《線》上の主題との齟齬が答えの見えない問いを視界に浮上させ始めた瞬間、古典期の股旅映画『いれずみ半太郎』は閉幕する。

第八節　マキノ雅弘再考

本章では、『阿片戦争』の大詰に花開くような、映画作家マキノ雅弘に独自の荒唐無稽さを念頭に置きつつ、映画的テクスト『いれずみ半太郎』におけるヒロインの落下の回避を主題論的に考察し、マキノの看過された魅力である繊細さに光を投じた。実際、本作に見られる《線》上の物語と《線》上の主題との連動は深妙であり、同時に日常的である。すなわち、《線》の主題を組織化する突堤や三味線や左腕は、いずれも物語世界内に自然に存在し得る。さらには、こうした《線》の組織的活用は、しばしば脚本の深化――一例を挙げれば、お仲が自殺を図る場所は、脚本上は「川岸」と描写されるのみであり、突堤に関する言及は見当たらない[30]――に前提される。テクスト的細部が突出した魅力を放つ『阿片戦争』と、テクスト的細部が首尾一貫性に動態的に収斂する『いれずみ半太郎』。両者を融通無碍に往還した事実に、映画作家マキノ雅弘の真価が認められる。

補論　篠田正浩『暗殺』分析　想像の切り返しに対する批評的距離

How could you communicate with the future? It was of its nature impossible.

George Orwell, *Nineteen Eighty-Four*.[31]

本章では、一九六三年の股旅映画『いれずみ半太郎』のテクスト分析を通じ、時代劇／現代劇の古典期的二分法の申し子である股旅映画が、やはり長谷川伸文学を霊感の源泉に据えた東映任侠映画の台頭に伴う古典期の終わりの始まりを控え、映画作家マキノ雅弘の個性と如何なる遭遇を果したかを記述した。とは言え、古典期の終わりの始まりは、股旅映画のみに関与しない。昭和初年、幕末映画と股旅映画の自己同一性の確立が相前後したのと同様、東映任侠映画による長谷川文学の再利用との相関性を誇示するかの如く、当時の幕末映画にも様々な新機軸が打ち出された。実際、明治維新一〇〇周年を寿ぐ一九六八年前後、進取の気象に富む映画作家が幕末映画の再活性化に挑戦した作例――加藤泰監督『幕末残酷物語』（一九六四年）、岡本喜八監督『侍』（一九六五年）や『赤毛』（一九六九年）、やや時間が経過し、黒木和雄監督『竜馬暗殺』（一九七四年）や三隅研次監督『狼よ落日を斬れ』（一九七四年）など――は数限りない。本章を閉じるに先立ち、こうした日本映画界の動向から、特に興味深い映画的テクストを取り上げ、以下に事例研究を試みる。一九六四年に公開された篠田正浩監督『暗殺』である。

周知の通り、現代劇の工場である古典期の松竹大船撮影所に入所し、小津安二郎や渋谷實に師事しつつ、助監督仲間の大島渚や吉田喜重、山田洋次などと切磋琢磨した篠田正浩は、筋金入りの現代劇の映画作家である。実際、一九六〇年の初監督作『恋の片道切符』以来、『暗殺』に先立つ初期の篠田映画は現代劇のみである。それゆえ、篠田が閉鎖間際の時代劇の工場である松竹京都撮影所に赴き、幕末映画に挑んだ事実自体、大手映画会社松竹を構造化した京都の時代劇／大船の現代劇の古典期的二分法を撹乱させる[32]。実際、こうしたテクスト外部の時代劇／現代劇間の境界性は、如月敏による『沓掛時次郎』脚色を遥かに想起させ、第二章や本章とも関連しつつ興味深い。とは言え、本節が『暗殺』を映画的テクスト分析の俎上に載せたのは別の理由からである。議論を先取りすれば、本節が関心を注ぐのは、本作の大詰に見られる奇妙な演出が、第一章に見た幕末映画の想像の切り返しに対し、映画的に批評的に機能する点である[33]。

司馬遼太郎の短編小説『奇妙なり八郎』[34]――初出は『オール讀物』一九六三年一月号――を映画化した『暗殺』の主人公は、幕末の志士清河八郎（丹波哲郎）である。回想に次ぐ回想の複雑な構成を通じ、清河の人物像を語る本作を、ある文芸学者は酷評する。

篠田の映画『暗殺』は清河八郎の生涯をめぐって、その暗殺者となった佐々木唯三郎の視点からとらえ、小杉正雄の撮影、武満徹の音楽によってスタイリッシュな映像をつくりあげている。しかし、映像による表現に力を入れているにもかかわらず、人物たちは過剰に自己を語る。丹波哲郎の清河は徹底して「奇妙」な存在でなければいけないはずであるのに、階級的なコンプレックスと権力への欲望をみずから言葉にして器用に演説してしまう（もちろん、そうした場面は原作にはない）。コンプレックスを満たすために娼妓のお蓮（岩下志麻）を身請けし、その彼女が清河の密偵殺しからとらえられ、拷問の果てに獄死したと聞いて以後、徹底した政治的なマキアベリストへと変身する。同じ事件をめぐる挿話は小説にもあるが、そこに心理学的な分析は用意されていない。映画はこうして第三者の目を通して清河の「奇妙」さを浮き上がらせるはずが、その心理についてむしろ分かりやすい説明に陥り、物語的にはきわめて単線的な構造になっている。[35]

こうした解釈は、少なくとも二つの点から説得性に欠ける。第一に、原作の題名が『奇妙なり八郎』であるとは言え、映画『暗殺』の清河が「徹底して『奇妙』な存在でなければいけない」とは言えない。[36]映画の興味は原作への忠実度（fidelity）に依存しない。第二に、そもそも『暗殺』の清河は「階級的なコンプレックスと権力への欲望をみずから言葉にして器用に演説」するとは言えない。より正確には、清河が「過剰に自己を語る」ように見える箇所が、しばしば清河に対し、何らかの思惑を抱く登場人物の回想、または想像の枠内に置かれた事実に注意しなければならない。

清河が身分上の劣等感を「器用に演説」するように見える場面を事例に挙げよう。日付は「安政三［一八五六］年二月一三日」、場所は遊郭の一室、清河は初見世の女郎（岩下志麻）——清河がお蓮と名づけ、すぐに身請けする——に対し、自身の才覚が正当な評価を受けけず、志を得ぬままに浪人暮しの現況を問わず語りに憤り、原因を農民という自身の「階級」に求める。とは言え、この場面は二重の解釈の枠内である。すなわち、この場面を構成するのは、物語の開始以前に死亡したお蓮の日記、言い換えればお蓮の清河解釈を素材に、剣客佐々木唯三郎（木村功）——佐々木は幕閣板倉周防守（小沢栄太郎）の側近松平主税介（岡田英次）の意を体し、清河殺害の機会を探る——が自身の脳裏に投影した映像、つまりはお蓮の清河解釈の、さらに佐々木による解釈であり、物語世界内の真実である保証は存在しない。実際、佐々木は先行する剣術道場の場面で、多数の門人の面前で清河に無様な敗北を喫し、直後に清河殺害の執念に燃える姿が目撃されたばかりである。それゆえ佐々木は「当事者以外の者」[37]を意味する「第三者」とは言えない。遊郭の場面が映し出す、劣等感を爆発させる清河像は、お蓮の日記の透明な記述を素材に、佐々木の透明な想像力が発露した結果かも知れない。しかし同時に、佐々木がお蓮の日記の行間に自身の劣等感を投影し、清河を巡る精神的外傷の克服を試みた結果かも知れない。両者のいずれとも決定し得ない点に、清河と佐々木の関係を巡る興味が生じる。

無論、『暗殺』の主人公が劣等感や政治的野心から無縁であるとは主張しない。実際、清河は「溝鼠」、「溝鼠や豚共」など、周囲に対し、劣等感の裏返しとも取れる軽蔑的な言葉を吐き続ける。要するに、こうした清河の言動が、実際に清河の劣等感や政治的野心の指標であるのか、はたまた第一章に見た『維新情史・月形半平太』に遥かに遡及する、自身の「卓抜せる経綸の機略」[38]を韜晦の挙措に覆い隠す、幕末映画の正統的な主人公の指標であるのか、いずれとも決め切れない事実に、私たちは向き合うべきなのである。

とは言え、動かし難い事実も存在する。清河は孤独である。実際、自身を巡る解釈——映画を通じ、清河に関する相互に矛盾した回想や想像を担うのは、前述のお蓮を除き、①松平主税介、②清河に窮地を救われた経験を持つ倒幕派の志士宮川進吾（竹脇無我）、③宮川の同志相沢圭次郎（水島真哉）、④奉行所役人石井重二郎（清水元）、⑤佐々木唯三郎、⑥倒幕派の志士坂本龍馬（佐田啓二）、⑦清河の親友の幕臣山岡鉄太郎（穂積隆信）の七名を数える——を周囲に誘発し続ける清河の人生、言い換えれば「心理学的な分析」を介入させずに、周囲との関係を取り結べない清河の人生は不幸である。それゆえ、清河は幕末映画の主人公の資格を有する。第一章に見た通り、昭和初年の幕末映画であれば、カメラ目線による想像の切り返しを通じ、孤独を慰撫する機会が主人公に与えられたはずである。映画的テクスト『暗殺』は、しかしながら、こうした配慮を清河には示さない。より正確には、こうした配慮自体に対し、映画的に批評的に接近する。

具体的に記そう。松平主税介が板倉周防守に対し、清河八郎の暗殺計画が着々と進行中だと報告する。続く場面では、佐々木唯三郎がテロリズムの標的清河を尾行する模様が、白昼の路上、深夜の歓楽街、白昼の路上、遊郭の内部、さらに白昼の路上と時空間を跳躍しつつ、執拗に描かれる。興味を惹くのは、このとき佐々木の視線がカメラの視線と一致する、少なくとも一致するように見える、すなわち主観カメラ（subjective camera）――「銀幕上の映像が登場人物の中の一人、ときには編集上の注釈を付す監督の視覚や想像の範囲を表象するとの印象を与えるカメラの使用法」[39]――が採用される点である。実際、佐々木は画面内には見えず、声が画面外から聞こえるに止まり、佐々木に語り掛ける登場人物もカメラに語り掛けるのに加え、折々に認められる映像の齣飛びも、佐々木の瞬きを示すかのようである。また、佐々木が清河の致命的弱点、すなわち編笠を外すとき、清河は無防備であるとの弱点を見抜いた際に挿入される静止画も、やはり映像と佐々木の主観との連結を強化する。

溶暗／溶明を挟み、清河殺害の場面が始まる。主観カメラが引き続き、佐々木の視界を提示する。縦の構図に捉えられた闇夜の小路を、奥側から手前に清河が、手前から奥側に佐々木＝カメラが前進する。両者は一旦すれ違うが、すぐに佐々木＝カメラが振り返り、清河の背中に呼び掛ける。清河も振り向き、「私です、佐々木唯三郎です」と挨拶しつつ近寄る佐々木＝カメラに対し、「おお、君か」と応じる。清河が問題の編笠を外し掛けた瞬間、佐々木＝カメラが清河に突進する。佐々木が清河に斬り込んだのである。佐々木の主観を離れたカメラは古典的物語映画に相応しい遍在性を取り戻し、佐々木配下の剣客に嬲り殺される清河、喜悦の表情を浮かべる佐々木、暗殺現場の小路の俯瞰などを分析的に提示し、物語は閉幕する。

この場面の要諦は、無論、清河が佐々木の挨拶に応じ、佐々木＝カメラを見詰める瞬間である。清河のカメラ目線は、様々な解釈に重層的に囲まれた幕末映画の主人公が、観客に対し、自身の／による／のための解釈、要するに本心を吐露し得る唯一の機会である。にもかかわらず、清河と観客の直接的な交感は阻害されたままに終わる。清河に屈折した感情を抱き、清河の隙を窺うテロリストに憑依された結果、カメラは清河と観客の想像の切り返しを仲介する透明な媒体の機能を果し得ないからである。

第三章に分析した『江戸最後の日』の大詰では、カメラに正対した孤独な主人公勝海舟に対し、カメラが遠景を維持し、視線を逸らすように上昇した結果、主人公と観客の想像の切り返しが消極的に回避された。一方、『暗殺』の場合、成立したように見えた想像の切り返しが、実際は主人公とテロリストの視線の正面衝突に過ぎないとの積極的な否定を通じ、昭和初年の幕末映画の約束事に距離化が施される。ここに幕末映画『暗殺』の革新性が認められる。

註

1 四方田犬彦『映画史への招待』（岩波書店、一九九八年）、一七二頁。

2 四方田犬彦『映画史への招待』（岩波書店、一九九八年）、一七二頁。

3 Chris Berry and Mary Farquhar, *China on Screen: Cinema and Nation* (New York: Columbia UP, 2006) 23.

4 山根貞男『マキノ雅弘　映画という祭り』（新潮社、二〇〇八年）。

5 第二章に言及した「髷をつけない時代劇」（永田哲朗『殺陣』［三一書房、一九七四年］、一九五頁）との形容は、まさに東映任侠映画の境界性を的確に掴んだ評言である。同様の事例に、東映任侠映画の代表作『昭和残侠伝』全九作（佐伯清［第一作・第三作、第八作、第九作］／マキノ雅弘［第四作、第五作、第七作］／山下耕作［第六作］監督、一九六五年・七二年）に出演した俳優池部良の「半時代映画的」（志村三代子／弓桁あや編『映画俳優・池部良』［ワイズ出版、二〇〇七年］、一四六頁）との評言も挙げ得る。

6 神山彰「大川橋蔵という『正統』　衣裳と化粧のドラマトゥルギー」、岩本憲児編『時代劇伝説　チャンバラ映画の輝き』（森話社、二〇〇五年）、二四五頁・六八頁。

7 基本的に新作映画の紹介と時評を掲載する『キネマ旬報』であるが、本作は紹介のみである（『いれずみ半太郎』紹介、『キネマ旬報』一九六三年三月上旬号、八六頁）。

8　山根貞男『マキノ雅弘　映画という祭り』（新潮社、二〇〇八年）、一三八頁 - 四一頁。

9　稲垣浩「長谷川伸先生に学ぶ」『長谷川伸全集』付録月報⑨（朝日新聞社、一九七一年）、二頁。なお、『紐育の波止場』から受けた触発には言及しないものの、長谷川自身も『刺青奇偶』創作の舞台裏を巡る随筆を執筆した（長谷川伸『材料ぶくろ』『長谷川伸全集』第一一巻［朝日新聞社、一九七二年］、三〇三頁 - 一〇頁・三六九頁 - 七〇頁）。

10　長谷川伸『刺青奇偶』『長谷川伸全集』第一六巻（朝日新聞社、一九七二年）、一〇四頁。ただし、『刺青奇偶』のヒロインの投身は聴覚的に暗示されるに止まる。『紐育の波止場』もヒロインの落下の瞬間を直接的には再現せず、彼女が岸壁から身を翻す様子を反映した海面に続き、海面に波紋が広がり、投身が示唆される。

11　以下、初期映画と水の表象を巡る議論は、Dai Vaughan, *For Documentary: Twelve Essays* (Berkeley: U of California P, 1999) より"Let There Be Lumiere"（一頁 - 八頁）に示唆を得た。

12　松井俊諭「本水」『新版歌舞伎事典』（平凡社、二〇一一年）、三七五頁。

13　実際、映画作家篠田正浩の回想によれば、日本映画界には、東海道線の上り列車は右方向に、逆に下り列車は左方向に運動しなければならないとの約束事——篠田自身の言い回しでは、「東海道線は［…］右から左に走るのは東京から大阪、京都」を目指し、それゆえ「富士山の下を左から右に行くのは上り線、右から左に行くのは下り線」——が存在した。『美しさと哀しみと』（一九六五年）が約束事に違反した篠田は、先輩の映画作家中平康の非難を受けた（篠田正浩『日本語の語法で撮りたい』［日本放送出版協会、一九九五年］、一二二頁）。ただし、右手への運動が東下を、左手への運動が西上を表象する演出上の約束事が、『いれずみ半太郎』全編を通じ、杓子定規に守られたとは言えない。例えば、東海道を小田原から東上する半太郎に対し、お仲が追い縋る場面では、左方向の運動が基調である。とは言え、ここでは相模湾に見立てられた海原が後景に位置し、それゆえ公開当時に『いれずみ半太郎』を受容した観客は、半太郎とお仲を、江戸と小田原を結ぶ《線》上に正確に配置し得たはずである。

実際、本書が分析する映画的テクストは、右方向の運動が東下を、左方向の運動が西上を表象するとの約束事に基本的に従順である。第三章に分析した『江戸最後の日』を再見すれば、江戸を目指す倒幕軍の進撃は右手への、逆に西郷隆盛との交渉のため、江戸から倒幕軍の陣営を目指す幕臣山岡鉄太郎（戸上城太郎）の疾駆は左手への運動が基調である。

14 『刺青奇偶』初演（一九三二年六月）に先立ち、『紐育の波止場』を日本化した現代劇『上陸第一歩』（島津保次郎監督、一九三二年）の概要を知るには、田中眞澄『上陸第一歩』解説（『キネマの世紀』［松竹、一九九五年］、四七頁）を参照せよ。

15 『紐育の波止場』人詰の大団円から霊感を受けたと推定されるのが、前述の俳優池部良が執筆した未映画化脚本『マカオの男』である（『マカオの男』初稿台本、早稲田大学演劇博物館）。本作の日本映画史上における重要性は、拙論「映画＝テレビ移行期の映画スターに見る脱スタジオ・システム的共闘　池部良と佐田啓二を事例に」（『演劇研究』第三七号［二〇一四年］、八三頁‐九六頁）に考察した。

16 付言すれば、お仲が小田原を脱出する際、お仲に突き飛ばされた女衒金八は、実際に――無論、撮影所内であろうが――川中に落下する。それゆえ、半太郎がお仲に身投げを思い止まらせるに先立ち、実際に丘さとみ、または代役が水中に落下するのも不可能とは言えない。

17 Peter Brooks, *The Melodramatic Imagination: Balzac, Henry James, Melodrama, and the Mode of Excess* (New Haven: Yale UP, 1995) 36.

18 ここで「躍る」を「踊る」に改めたのは、マキノが踊り――監督が俳優に「仕草台詞を実演」する演出術――に秀でたためである（竹中労『聞書アラカン一代』［白川書院、一九七六年］、一一〇頁）。

19 パン繋ぎとは「水平運動する被写体を、同方向に短いパン（カメラの首振り）で追うショットを複数回」積み重ねる編集上の技法である（加藤幹郎『映画の領分　映像と音響のポイエーシス』（フィルムアート社、二〇〇二年）、一六四頁）。なお、丘さとみは、『いれずみ半太郎』の問題の箇所が移動撮影――「レール敷いて、ビャーッとカメラ押して、ついて来はるのやわ、私が走んのを」――されたと回想する（さとみ倶楽部編『丘さとみ　東映城のお姫様』［ワイズ出版、一九九八年］、一五二頁）。とは言え、累積する各断片の持続時間は短く、パン撮影か移動撮影かを画面から判断するのは不可能である。要するに、各断片の持続時間が段階的に短縮される点が重要であり、それゆえ本作以外のマキノ映画と比較するためにも、竹林の箇所に見られる技法をパン繋ぎと呼ぶ。

20 本作の阪東妻三郎の疾走とパン繋ぎを理解するには、加藤幹郎『夢の分け前　映画とマルチメディア』（ジャストシステム、一九九五年）より「映画史を走り抜け」（五九頁 - 七二頁）、加藤幹郎『映画の領分　映像と音響のポイエーシス』（フィルムアート社、二〇〇二年）より「殺陣の構造と歴史　時代劇映画とは何か」（一五四頁 - 七一頁）などが示唆に富む。

21 実際、様々な回想を総合した場合、パン繋ぎが試みられた最初の作例は『浪人街第三話・憑かれた人々』（マキノ正博監督、一九二九年）であり、被写体は狂奔するヒロインおとわ（マキノ智子）と推定される（大井廣介『ちゃんばら藝術史』［深夜叢書社、一九九五年］、三〇三頁 - 〇五頁；マキノ雅弘『映画渡世・天の巻』［平凡社、一九七七年］、一六二頁 - 六三頁；『我が映画人生』）。

22 加藤幹郎『映画の領分　映像と音響のポイエーシス』（フィルムアート社、二〇〇二年）、一六四頁。

23 東映任侠映画の一編『昭和残侠伝・唐獅子仁義』（マキノ雅弘監督、一九六九年）の場合、主人公の博徒花田秀次郎（高倉健）が悪玉の博徒一家への殴り込みに向かう場面にパン繋ぎの技法が見られる。とは言え、東映任侠映画の約束事に従い、殴り込む被写体が疾走しない点、悪玉の博徒一家に虐げられた犠牲者と、彼らの恨みを雪ぐために殴り込む主人公の因縁が浅く、殴り込み自体の動機づけが不十分な点などから、ここでのパン繋ぎはメロドラマ的な情動に乏しい。

24 Peter Brooks, *The Melodramatic Imagination: Balzac, Henry James, Melodrama, and the Mode of Excess* (New Haven: Yale UP, 1995) x.

25 Peter Brooks, *The Melodramatic Imagination: Balzac, Henry James, Melodrama, and the Mode of Excess* (New Haven: Yale UP, 1995) 24.

26 長谷川伸『沓掛時次郎』『長谷川伸全集』第一五巻（朝日新聞社、一九七二年）、一五〇頁。

27 原作では、不治の病に冒されたお仲が、半太郎の博打好きを諌めるため、「半太郎の［右］腕へ骰子を彫る」（長谷川伸『刺青奇偶』『長谷川伸全集』第一六巻［朝日新聞社、一九七二年］、一一八頁）。実際、『刺青奇偶』と『いれずみ半太郎』では物語の骨子が全く異なり、映画作家加藤泰は、こうした改変を手厳しく批判した（加藤泰著、安井喜雄／山根貞男編『加

藤泰、映画を語る』［筑摩書房、一九九四年］、三三二頁）。

28 『いれずみ半太郎』台本、神戸映画資料館、E二一。

29 さとみ倶楽部編『丘さとみ　東映城のお姫様』（ワイズ出版、一九九八年）、一四九頁。

30 『いれずみ半太郎』台本、神戸映画資料館、A二三。

31 George Orwell, *Nineteen Eighty-Four: The Annotated Edition* (London: Penguin Group, 2013) 10.

32 『暗殺』前後の松竹京都撮影所の状況に関する証言を読むには、篠田正浩『日本語の語法で撮りたい』（日本放送出版協会、一九九五年）、一一一頁 - 一一五頁を参照せよ。

33 実際、本作には昭和初年の幕末映画への批評的関心が一貫する。本作の冒頭、幕末＝明治維新の歴史的状況を説明する五枚の字幕が提示・朗読される。

> 嘉永六年六月三日（1853・7・8）、午后五時、四隻の黒船が浦賀沖に浮んだ。
>
> 三百年にわたる鎖国は、日本人をして、自国を神の国だという国民感情にまで高めてしまつていたために、外国の侵入は上下共に、大きな衝撃を与えた。
>
> その結果、外国討つべしという尊王攘夷の世論が一度に湧き上ることとなつたが、徳川幕府は、この期にいたつて、余りにも未開な日本の防備で、攘夷を決行する自信が、全くなかつた。
>
> 時の大老井伊直弼は、朝廷の許可も仰がず、世論の反対を押し切つて開国に踏み切り、この政策に反対する尊王攘夷派の大名・公卿・志士たちを弾圧すべく安政の大獄を起した。
>
> 万延元年三月三日、雪降りしきる桜田門外で、登城の途にあつた井伊大老は、水戸勤王浪人を主力とする集団に襲われ、

暗殺された。

この暗殺は、幕府の権威を大きく失墜せしめ、幕府そのものの存立を危うくさせるほどの力をもつものであり、その衝撃に驚いた幕府は、政権の強化をはかるために、将軍家茂の御台に孝明天皇皇女和宮をもらいうけ、京都朝廷と結ぶことによつて、時局を乗り切ろうとはかつた。

これが公武合体策である。

だが京都朝廷は、今や威信のおちた幕府に攘夷を強行するよう迫つた。

こうした内外の波乱を抱えて、幕末は、文久三年の正月を迎えたのである。

34 無声映画の約束事を模した説明字幕を通じ、一九六四年の『暗殺』が昭和初年へと遥かに接続される。実際、無声映画への擬態を通じ、昭和初年の大流行の映画史的記憶に目配せする幕末映画は数限りない。遅くとも一九五一年、『鞍馬天狗・角兵衛獅子』（大曾根辰夫監督）劈頭には、無声映画の説明を再現する語りが採用された。また、篠田正浩（一九三一年‐）と同世代の映画作家、例えば黒木和雄（一九三〇年‐二〇〇六年）が監督した『竜馬暗殺』や大島渚（一九三二年‐二〇一三年）が監督した『御法度』（一九九九年）にも、無声映画を模した字幕が随所に挿入された。

35 司馬遼太郎『奇妙なり八郎』『司馬遼太郎短篇全集』第七巻（文藝春秋、二〇〇五年）、七頁‐五〇頁。
紅野謙介「司馬遼太郎と映画　一九六〇年代におけるプログラムピクチャーの変容」、関礼子／原仁司編『表象の現代文学・思想・映像の二〇世紀』（翰林書房、二〇〇八年）、二八七頁‐八八頁。

36 実際、篠田正浩は『暗殺』を巡り、「司馬さんの原作だけでなく、柴田錬三郎さんの『清河八郎』のエピソードもシバレンさんに許可をもらって使っています。シバレンさんは清河八郎の遠戚（夫人の大叔父が清河八郎）ですね」（篠田正浩、聞き取り、紀伊國屋書店 Forest Plus 公式ＨＰ〈http://forest.kinokuniya.co.jp/interview/099/〉）と回想する。事程左様に『暗殺』の描く清河が「『奇妙』な存在でなければいけない」とは素朴な見解である。なお、篠田が柴田錬三郎『清河八郎』

から借用したのは、恐らくは以下の挿話である。江戸の町人市太郎を殺害した清河に対し、市太郎の仲間吉蔵が叫ぶ。


「畜生！」

突如、憑かれたように吉蔵は、足早やに去る三人［清河一行］を睨んで、

「お、おれの兄弟分を斬りやがつたな！市太郎を斬りやがつたな！」

と、わめいた。

吉蔵は、三人のうしろを追いながら自分につれて、周囲の人々も一斉にあるき出すのを知るや、いよいよ勢いづいた。

「待ちやがれ！人を斬つて、逃げて、それで、さむれえか！卑怯者つ！人殺し！」

叫ぶにつれて、吉蔵の脳裡に、真剣な正義感が渦巻きあがつた。

「待てつ！二本差し！浪人野郎！江戸ッ子を斬りやがつて、ただですむと思つてやがるか！」

ぞろぞろついて行く人数が、続々と増した。

八郎たちも、いよいよ速度を増した。

吉蔵は、一種の快感で血を湧かせ、肉を踊らし、ただもう無茶苦茶にわめけばよかつた。

「どうしやがるんだ！人殺し！人間だぞ！人間いつぴき殺して事がすむかつ！親もありや女房子供もあるんだぞ！どうしてくれるんだ！けだものめ！人非人！」（柴田錬三郎『清河八郎』［光風社、一九六三年］、八七頁）

司馬の『奇妙なり八郎』では、清河が殺害するのは江戸の目明し嘉吉である（司馬遼太郎『奇妙なり八郎』『司馬遼太郎短篇全集』第七巻［文藝春秋、二〇〇五年］、二三頁・二五頁）。『暗殺』は『奇妙なり八郎』の設定通り、清河が嘉吉（山路義人）の首を飛ばす場面——ただし、事後的な語りの枠内に置かれる——を映像化し、さらに居合せた嘉吉の子分三吉（青山宏）が清河に罵詈雑言を浴びせ、清河が遁走する羽目に陥る場面——嘉吉殺害の場面とは異なる立場の事後的な語りの枠内に置かれる——を付加する。このとき、柴田の『清河八郎』における前掲の吉蔵の台詞が、細部の異同を伴いつつ、

三吉の台詞に流用される。

37 「第三者」『広辞苑』第五版（岩波書店、一九九八年）。

38 行友李風『維新情史・月形半平太』、北條秀司編『行友李風戯曲集』（演劇出版社、一九八七年）、二三一頁。

39 "Subjective camera," *The Film Studies Dictionary*, ed. Steve Blandford, Barry Keith Grant, and Jim Hillier (London: Arnold, 2001) 232.

第五章　進行相の結論

山田洋次の海坂藩三部作と幕末映画の二一世紀

第一節　結論の彼方へ

本書は一九二八年前後の幕末映画を巡る考察に始まり（第一章）、翌一九二九年前後の股旅映画への映画史的接近へ（第二章）、一九三二年以後の一五年戦争下に見られる幕末映画の変質の分析へ（第三章）、日本映画古典期の終わりが始まる一九六三年の股旅映画のテクスト分析へと（第四章）、基本的に時系列に沿いつつ、幕末映画と股旅映画の相関史を並行編集的に辿り直した。本書の構成に霊感を与えたのは、あるいは四方田犬彦『李香蘭と原節子』かも知れない[1]。無論、本書を総括するに際し、各章が積み重ねた議論を整理し、結論の安定感とともに閉幕する方法もあり得る。とは言え、本書がメロドラマ論を批判しつつ援用し、特に第三章では、メロドラマの目的論的性質と歴史叙述の親和性を問題化した以上、目的地である結論に向け、幕末映画と股旅映画の相関史を事後的に構想する方法自体のメロドラマ性とも斬り結ばなければならない。最終章の本章は、それゆえ幕末映画と股旅映画の相関史が進行相にあり続ける事実を念頭に、本書が書かれつつある《現在》に伴走しつつ、結論の暫定性を巡る問題意識を研ぎ澄ましたい。

一九九九年一〇月三〇日公開の篠田正浩監督『梟の城』を皮切りに、同年一二月一八日公開の大島渚監督『御法度』、翌二〇〇〇年一月二二日公開の小泉堯史監督『雨あがる』、さらには同年五月一三日公開の市川崑監督『どら平太』と、時代劇が連続的に製作・公開される事態に直面し、『キネマ旬報』一九九九年一一月上旬号は小特集「時代劇、復活」を掲載した[2]。実際、第一章や第四章に言及した通り、一九六〇年代後半、時代劇の世界が東映任侠映画に置換されるや、時代劇の銀幕占有率は低下の一途を辿り、任侠映画から派生した『仁義なき戦い』五部作（深作欣二監督、一九七三年－七四年）などの実録暴力団映画もまた、一九八〇年代には文化的覇権を喪失するものの、時代劇の古典期的強度、すなわち現代劇の対概念を構成し得る分類学的強度は回復されず、それゆえ逆に見れば、現代劇の分類学的強度もまた有名無実化した――現代劇とは実質的に死語である――二〇世紀末、時代劇に対する関心の突然の沸騰は、「復活」と呼ぶべきかとは別に、「今なぜ時代劇なのか？」[3]と問わざるを得ない非常事態には違いない。

こうした動向を見渡すとき、特に興味深いのは、二〇世紀末から本章が書かれつつある《現在》まで、相当数の時代劇が幕末＝明治維新を時間設定に選んだ事実である。新撰組の内部抗争を描く前記『御法度』に続き、市川崑監督の実験的作品『新撰組』（二〇〇〇年）、藤沢周平文学を映画化した山田洋次監督『たそがれ清兵衛』（二〇〇二年）、『隠し剣鬼の爪』（二〇〇四年）、『武士の一分』（二〇〇六年）の三部作、滝田洋二郎監督『壬生義士伝』（二〇〇三年）、五十嵐匠監督『長州ファイヴ』（二〇〇六年）と『半次郎』（二〇一〇年）、降旗康男監督『憑神』（二〇〇七年）、第一章に見た『尊王攘夷』（池田富保監督、一九二七年）とも重なる出来事を描いた佐藤純彌監督『桜田門外ノ変』（二〇一〇年）、さらには『合葬』（二〇一五年）――本作に描かれる上野戦争と、昭和初年の幕末映画の大家伊藤大輔との因縁は第三節に記す――など、すでに幕末映画は十指に余る。ただし、これらの作例を幕末映画と呼ぶべきかを複眼的に見極めるのも、本章の問題意識の一環である。

本章では、上記の作例より、特に公開当時、映画言説共同体の関心を広範に集めた山田洋次の三部作――共通の空間設定である東北の架空の藩名から海坂藩三部作と呼ぶ――を中心に、二一世紀初頭の幕末映画を巡る状況を素描したい。とは言え、本章が書かれつつある《現在》を目的地に、議論がメロドラマ的に収斂しないよう、三段構えの戦略を採用したい。初めに三部作の最終作『武士の一分』――本作が最終作であるとは、無論、《現在》の暫定的な認識であり、『たそがれ清兵衛』が『隠し剣鬼の爪』や『武士の一分』の製作・公開を前提に構想されたとは思われないのと同様、《現在》以後に新たな姉妹編が製作・公開される可能性も否定し得ない――の公開直前、より正確には二〇〇六年初秋に書かれた『たそがれ清兵衛』と『隠し剣鬼の爪』の比較研究を、書き直しを最小限に止めつつ、第二節から第八節に再録する。次に補論①を設け、三部作に続く山田洋次監督『母べえ』（二〇〇八年）――一五年戦争を描いた本作は、国民国家日本への想像力とも密接に関連する作例であり、それゆえ幕末映画と同じ分析の俎上に載る資格を有する――にも目配りしつつ、『武士の一分』を分析し、二〇〇六年の結論の更新を図る。最後に補論②を設け、二〇一〇年代の状況、具体的には明治初年に時代設定された一連の時代劇を時評する。

第二節　『たそがれ清兵衛』から『隠し剣鬼の爪』へ

山田洋次監督『隠し剣鬼の爪』は、ときには山田自身の前作『たそがれ清兵衛』の焼き直しとも評される。実際、両者には複数の共通点が認められる。山田以下、製作関係者の陣容はほぼ同様であり、配役上も、同一の俳優が同様の役柄を演じる事例が散見される。また、東北に空間設定しつつ、主人公の下級武士が海坂藩の権力闘争に巻き込まれ、上意討ちを命じられる点、武士と恋人の結婚を通じ、異性愛の成就と家族的紐帯の（再）構築がメロドラマ的に寿がれる点など、物語の骨子も共通である。無論、こうした類似は事実であり、本章は事実を数え上げる言説に反論しない。二一世紀初頭、すなわち『たそがれ清兵衛』と『隠し剣鬼の爪』が製作・公開され、それゆえ本章が書かれ始めた《現在》の言説が、類似に目を奪われたまま捉え損ねた、両者の決定的な差異を同定する。同時に、なぜ《現在》の言説が両者の差異を捉え損ねたのかを検証する。本章が目指すのは、この二つの目的の達成である。

『たそがれ清兵衛』と『隠し剣鬼の爪』との間に横たわる決定的な差異とは何か。答えは両者に共通の時間設定、すなわち幕末＝明治維新の表象に関連する。実際、一〇〇年を超す日本映画史を通じ、幕末＝明治維新は切迫した物語的主題であり続けた。幕末＝明治維新の表象が、そのまま近代日本の建国神話の表象と同義に受け取られる社会が、確実に存在したからである。こうした認識の勾配は、幕末映画が量産された昭和初年前後、特に顕著に見られた。当時の日本は「明治維新から六〇年がたち、近代化という目標の達成が実感される一方、近代への不信感もまた醸し出されるという状況」であり、「明治維新とそれにつづく過程」を巡る「問いがあらためて社会」的に問題化したのである。[4] 結果、各々の映画的テクストが銀幕に再現した幕末＝明治維新の映像に、近代日本の建国神話を読み込む歴史的想像力が、日本社会の大衆に浸透した。こうして形成されたのが、言わば歴史的な幕末＝明治維新像――像とは映画の「作り手と観客を含めた人間の想像力［…］の産物一般を言い、単なる図像イメージに収斂されるものではなく、観客の受容や言説、イデオロギーなど全般」[5]――である。本章では、昭和初年の幕末映画を規定した歴史的な幕末＝明治維新像が、二一世紀初頭、『たそがれ清兵衛』公開当時の観客からは肯定的に受容されず、姉妹編『隠し剣鬼の爪』公開に際し、新たな幕末＝明治維新像——議論を先取りすれば、本作が提起したのは、言わばユートピア的な幕末＝明治維新像である——が優位を占めるに至る過程を追跡し、映画と近代国家の関係を巡る事例研究を試みたい。

第三節　幕末＝明治維新を生きた祖父

昭和初年、幕末映画は大流行を見たが、特筆されるべきは『幕末剣史・長恨』（一九二六年）から『一殺多生剣』（一九二九年）、『興亡新撰組』二部作（一九三〇年）、『侍ニッポン』二部作（一九三一年）、『明治元年』（一九三二年）、『月形半平太』（一九三三年）、『新納鶴千代』（一九三五年）へと続く、伊藤大輔脚本・監督の作例である。興味深いのは、伊藤が自身の幕末＝明治維新像を言語化する際、しばしば亡き祖父に言及した事実である。例えば、『一殺多生剣』を巡り、一九五四年当時の伊藤は述べる。

この話も［佐幕派］彰義隊に入ることができない気持をもっている旗本が主人公になっています。私の祖父が彰義隊で死んだ事情もありまして、徳川方というものになにか好奇心をもっていたことはたしかです。私の作品の題材が幕末におもむきがちなのも、特にこの時代に興味が深かったからですね。[6]

同様に、『興亡新撰組』創造の経緯を巡り、一九三八年当時の伊藤は述べる。

當時の私は［新撰組］土方［歳三］に好意を持つてゐた。私事に亘つて恐縮ですが私の祖父は彰義隊に加はつて上野に籠り、その［上野戦争の］弾丸疵の加療中箱根底倉の湯で死去しました。そんな事が土方贔屓への大きい影響と成つてゐたのでせう。百姓が厭で賣薬行商などをやつてゐた土方が、士分と成り寄合席格と成るうちに、サムライにまで成長して來てゐる、この心理の推移、その結論として、到頭五稜郭まで行つて意地を立て通して［箱館戦争に］斬死してしまつた土方の性格。これが私の創作慾を刺激すること些少ならざるものがあつたのです。[7]

「慶応四年（一八六八）五月、上野の寛永寺を本拠とする彰義隊を官軍が討伐した戦い」[8]に参戦し、幕末＝明治維新を直接的に体験した祖父の生涯は、伊藤の脳裏に渦巻く幕末＝明治維新像に中核を提供したのである。

同様の認識の勾配は、やはり日本映画史上の巨匠である映画作家マキノ雅弘にも顕著である。実際、マキノが作家的経歴を通じ、しばしば言及した歴史的主題に、父方の祖父、すなわちマキノの父親であり、同時に日本映画の父親である牧野省三の父親藤野斎の事績が挙げられる。例えば、一九四〇年のマキノは、次回作の腹案を披瀝する。

マキノ　僕の考へてゐるのは——僕の親父のお父さん、詰りお祖父さんは［倒幕派］山國隊の隊長だつたんです。あの當時太鼓を持つて始めて軍屬として戰爭に出たんですが、山國の猪射ちの名人で、三十何人の百姓ばかりが猪射ちの鐵砲を持つて當時の官軍に附き、最後は明治天皇が東京においでになる時、樂隊として御送り申上げた事がある人の日誌にあるのです。それをやらうかと思つてゐます。[9]

当時、マキノの腹案が実現された記録は見当たらない。とは言え、マキノの藤野に対する関心の深さは、一九七七年刊行の自伝にも読み取れる。実際、マキノは自伝の大詰を藤野や山国隊の紹介に割き、祖父へと遥かに思いを馳せる。[10]幕末＝明治維新を生きた祖父の波瀾の生涯は、マキノの場合も、自身の幕末＝明治維新像の構築に決定的な役割を果したのである。

それでは、伊藤やマキノなど、一九二〇年代に活躍し始めた映画作家の幕末＝明治維新像の中核に、彼らの祖父の戦争体験が存在した事実は、映画学的に如何に解釈されるべきだろうか。着目すべきは、幕末＝明治維新に際会した祖父に対し、伊藤やマキノが覚えたはずの歴史的現実性である。無論、ここに言う現実とは、「広義の言説――日常会話からメディア、科学、さらには他のフィクション作品なども含めた諸言説[11]」の織物、前節の言い回しを持ち出せば、言わば現実の像に過ぎない。それゆえ、伊藤やマキノが「祖父」の一語で指示したのも、実際には観念化した祖父の像――マキノの場合、京都・時代祭の行列に登場した山国隊や藤野斎の雄姿や、行列を見物する幼時のマキノに対し、「あれがおじいさんの役や」などと解説を施した牧野省三の言葉など[12]、多様な表象と言説の複合体――に過ぎない。しかし同時に、こうした祖父の像は、父権的血縁にも支持されつつ、時間軸上の位置づけが互恵的に安定的――祖父の像の現実性が歴史的に定着すれば、父母を挟み、伊藤やマキノ自身の自己同一性も安定し、伊藤やマキノ自身の自己同一性が安定すれば、父母を挟み、再び祖父の像の現実性も歴史的に定着する――である。それゆえ、伊藤やマキノの幕末＝明治維新像もまた、祖父の像の歴史的現実性と同様の現実性を備えつつ、時間軸上に定着したはずである。伊藤やマキノは、言わば歴史的な幕末＝明治維新像を共有したのである。

第四節　枠物語の両義性

前節に確認した通り、伊藤大輔やマキノ雅弘など、一九二〇年代から活躍する映画作家の幕末＝明治維新像は、父権的血縁にも支持されつつ、祖父の像の歴史的現実性と同様の歴史的現実性を帯びたと理解される。こうした認識は、山内容堂率いる幕末＝明治維新の雄藩土佐の御用商人を祖父に、また山内の元・小姓を父親に持つ山中貞雄なども含め[13]、昭和初年に幕末映画と取り組む映画作家に共有された世代論的認識と言えよう。続く本節は、歴史的な幕末＝明治維新像を脳裏に抱く映画作家が、昭和初年当時、幕末＝明治維新を如何に叙述したかを巡り、仔細な分析を試みる[14]。

昭和初年の幕末映画は、物語を閉じるに際し、ある共通の所作を示す。すなわち、明治維新以後の日本を描いた場面を結尾に配置する。例えば『尊王攘夷』の場合、主人公井伊直弼へのテロリズム、すなわち桜田門外の変の場面が山場を構成するが、続く結尾の場面は日章旗や近代化した港湾の模様を点綴し、「幾多の犠牲と　尊き血涙の　功績は　永久朽ちせず……　嗚呼　今昔の感深し……」との説明字幕が示される。時評によれば、結尾に映し出されるのは「維新を經た街景」である[15]。『興亡新撰組』の場合も、脚本を読む限り、主人公近藤勇の処刑の場面に続き、説明字幕「勇の墓は武州三鷹村大沢に在る」と「勇の墓（実写）」が示され、物語が完結する[16]。さらに現存する不完全版『坂本龍馬』（枝正義郎監督、一九二八年）の場合も、主人公坂本龍馬の暗殺の場面に続き、京都霊山護国神社の坂本の墓碑の実写映像が示され、映画は終息する。『尊王攘夷』や『興亡新撰組』の事例に鑑みれば、原形版『坂本龍馬』の暗殺の場面と墓所の場面との間には、幕末＝明治維新の渦中に流された坂本の「尊き血涙」を賛美する説明字幕、または坂本の墓所の所在を同定する説明字幕が挿入されたはずである。

それでは、こうした結尾の場面は、昭和初年の幕末映画に対し、如何なる意味を与えるのだろうか。着目すべきは、明治維新以後の日本を描いた結尾の場面が、幕末＝明治維新を物語化した映画の躯幹に対し、外枠の機能を果す点である。言い換えれば、昭和初年の幕末映画が枠物語結構を採用した点である。とは言え、枠物語結構とは、本来的に両義的な仕掛けであり、受容の状況次第では、正反対の意味を触発しかねない[17]。具体的には、ある状況下の観客が枠物語に現実性を認めた場合、彼／女が躯幹的物語に覚える現実性も高揚するのに対し、別の状況下の観客が同じ枠物語に現実性を認めない場合、躯幹的物語は自己言及性を帯び、彼／女は現実性を覚え難いのである。

こうした両義性を踏まえつつ、昭和初年の幕末映画に向き合うとき、枠物語結構は幕末＝明治維新を描く映画の躯幹の歴史的現実性を強化し、公開当時の観客の感情移入を加速したと想像される。実際、『尊王攘夷』の場合、前掲の字幕に含まれる「今昔」の一語が示唆する通り、明治維新以後を描く結尾の場面は、幕末＝明治維新の《近過去》に対し、映画公開当時の《現在》を映し出したのであり、また『興亡新撰組』の場合も前掲の字幕「勇の墓は武州三鷹村大沢に在る」は現在時制であり、幕末＝明治維新を生きた主人公の生涯は《現在》に直結するのである。映画を総括する枠物語に、言わば最高度に現実的な《現在》を経験した昭和初年の観客は、それゆえ幕末＝明治維新を物語化した映画の躯幹に対しても、遡及的に高度の歴史的現実性を認め得るのである。

第五節　歴史性への回収

第三節と第四節では、昭和初年の幕末映画が如何なる先行の像を梃子に創造され、また幕末＝明治維新を如何に物語化したかを考察した。本節では、昭和初年の幕末映画を取り巻く宣伝や時評の言説に視線を転じたい。昭和初年の観客が幕末映画を受容するに際し、権威的に提示された解釈の範例を巡り、動態的な分析を試みたい。

初めに広告の惹句に着目し、昭和初年の幕末映画の如何なる点が宣伝的に前景化したかを検討したい。『尊王攘夷』の大形ビラには、赤字の題名に重ね、より小さな黄字の「大建國史」の惹句が躍動する。[18]『坂本龍馬』の場合、『キネマ旬報』の広告には、「戊辰の大業成つて、茲に六十餘年！明治維新の宏業を扶翼せる大偉人の事跡を永遠に記念せんと、飽く迄史實に基き『坂本龍馬』の壮絶痛快極まりなき、劒闘史を映畫化す！　見よ！英傑坂本龍馬先生の英姿、彷彿たり[19]」、「明治維新の大業を完成せしめんとして寐食を忘れたる英傑の中の最も代表的なる龍馬が史實！群小時代映畫をして完全に顔色なからしむる大努力篇、阪妻の熱演こゝに一世の偉人の面影を寫して彷彿たり[20]」、「幕末の俊傑坂本龍馬の多難なる生涯を最も忠實に映畫化せる本篇こそ、われらをして維新の活圖を彷彿せしむ[21]」などの扇情的な惹句が並ぶ。また調査の範囲を拡大し、映画作家自身の言説に着目した場合に興味深いのが、自作『江藤新平』（一九二八年）に註を施した映画作家志波西果である。公開当時、志波は『キネマ旬報』に長文の随筆を寄稿し、作者の意図を華々しく開陳した。[21]

世俗に、江藤新平は自分の作つた法律にかゝつて處刑された、と。ベラボーめ、日本人程自國の歴史に疎い人種はない。芝居を見ても、必ず「江藤新平は我が定めた法律によつて罰せられる。」と舞臺の上で臆面もなく大聲を張り擧げる。多くの戯曲に現はれる江藤新平は、大抵此の臺詞を使つて民衆の拍手を得て居る。何んてベラボーな話だらう。著名なる歴史上の人物を描くに、多くは牌史小説の類を材に執つて、自家の盲想を縦横にする。其の罪蓋し死罪に價する。戯曲は民衆の正しき教えでなければならない。正しき教えを以つて使命とする史劇が、全く史實の人物を誤り傳ふるに至つては言語道斷と云はなければならない。

［…］余今、江藤新平を映畫化するに當つて、徒らに、甲是、乙非を論ずるものではない。茲には、努めて政治的色彩の江藤卿を見ず、その得意時代を以つてせず、綴るに、その失意時代に取材して、正史を傳ふるを以つて目的とし、現はすに卿の性格徳相によらず、［…］當時の志士の行動に重點を置き、間接に、卿の業績を傳へ、合せて、時熱民衆の聲を聞き、世相の一端を傳へんとするものである。[23]

これらの言説の共通点は、「建國史」や「史實」、「史劇」や「正史」などの頻出が示唆する通り、歴史的現実性への志向である。昭和初年の幕末映画は、自身が銀幕に再現した幕末＝明治維新の映像を歴史的な幕末＝明治維新像に回収する言説を張り巡らし、自身が公開当時の日本社会に渦巻く、幕末＝明治維新を巡る議論――「明治維新とそれにつづく過程とは」[24]――への有効な回答である点を誇示し、大衆の関心に訴える戦略を採用したのである。

それでは、昭和初年の映画記者は幕末映画に対し、如何なる反応を見せたのだろうか。興味深いのは、彼らもまた歴史的現実性を重視した事実である。ある映画記者は、前述の『尊王攘夷』に対し、「賞讃に價することには、この映畫には［…］文明史的批評眼が」見られるとの肯定的な印象を書き留めたが[25]、逆に見れば、ここでは『尊王攘夷』の表象する幕末＝明治維新の映像が、記者自身が先行的に持つ歴史的な幕末＝明治維新像に調和したに過ぎない。言い換えれば、銀幕に再現された幕末＝明治維新の映像を歴史的な幕末＝明治維新像に回収する想像力、すなわち前掲の惹句「大建國史」が軌道を敷いた歴史的想像力自体の論評は、映画記者には関心の埒外であり、結果的に時評は、自覚の有無とは別に、宣伝の戦略性を隠蔽する機能を果すのである。無論、宣伝を時評が追認する協力的な関係が、常に円満に成立したとは言い難い。実際、ある映画記者は前述の『江藤新平』に関連し、「私としては、三條實美を取入れ、西郷隆盛を活動せしめて、而して更により廣く、より明かに、當時の騒然たる世情を活畫として示してもらひたかつた」と述べ[26]、自身の脳裏に先行的に存在する幕末＝明治維新像と、『江藤新平』が銀幕に再現した幕末＝明治維新の映像との齟齬を告白する。しかし同時に、『江藤新平』が明治維新「當時の騒然たる世情を活畫として」再現すべきとの主張は、まさに「正史を傳ふるを以つて目的とし［…］時勢民衆の聲を聞き、世相の一端を傳へんとする」志波西果の歴史的な幕末＝明治維新像の肯定であり、また西郷隆盛を筆頭に、昭和初年の幕末映画に頻出した政治家の表象を、歴史的な幕末＝明治維新像の図像と見る点でも、上記の時評と宣伝は軌を一に進むのである。

こうした宣伝と時評の機能を理解するには、古典的評論「複製技術時代の芸術作品」が恰好の道案内を務める。ヴァルター・ベンヤミンは「写真においては展示価値が礼拝価値を全戦線において押しのけはじめ」、それゆえ「心の赴くままに観想をめぐらすことは、それらにはもはやふさわしくない」のであり、結果的に「それらに近づくにはある一定の道を探さなくてはならないと感じる」近代的個人には、「説明文から理解上の方向づけを与えられる」必要性が生じたと述べ、さらに写真と説明文が取り結ぶ関係には、説得性の有無は問題化しないと付言する[27]。映画も典型的に複製技術時代の芸術作品である以上、本節が焦点化した宣伝や時評の言説は、まさにベンヤミン的説明文の一例と理解し得る。前述の通り、昭和初年の幕末映画が銀幕に再現した幕末＝明治維新の物語は、枠物語結構を活用しつつ、高度の現実性を体得した。しかし同時に、枠物語結構とは両義的な仕掛けであり、映画の躯幹は現実性の喪失の可能性に脅かされ続ける。昭和初年の《現在》から幕末＝明治維新の《近過去》を振り返りつつ、映画の躯幹に歴史的現実性を装填したとは言え、映像自体は本来的に中立的であり、それゆえ逆に、幕末＝明治維新の物語も、昭和初年の《現在》が合目的的に捏造させた虚構の《近過去》に反転しないとも限らない。[28] こうした状況下、公開当時の宣伝や時評は、銀幕の幕末＝明治維新の映像を歴史的な幕末＝明治維新像に回収する説明文の役割を担い、意味の転覆の芽を摘む機能を果したと理解し得る。昭和初年の幕末映画は、周囲に張り巡らされた宣伝や時評の説明文を通じ、自身が当時の日本社会に遍在する大衆的議論――「明治維新とそれにつづく過程とは」[29]――への有効な回答である点を、さらに誇示し得たのである。

ここまで、昭和初年の幕末映画を巡る幕末＝明治維新像の歴史的現実性を複数の水準に考察した。話題を二一世紀初頭の幕末＝明治維新表象に移すに先立ち、幕末＝明治維新を巡る昭和初年の大衆的議論に対し、幕末映画が如何なる回答を提起したかを整理したい。前述の通り、昭和初年の幕末映画はしばしば公開当時の《現在》の場面とともに閉幕するが、興味深いのは、こうした結尾の場面が国民の統合を象徴する図像、具体的には『尊王攘夷』の翻る日章旗や『坂本龍馬』の主人公の墓標などに彩られた事実である。昭和初年の幕末映画は、「近代化という目標の達成が実感される一方、近代への不信感もまた醸し出される」日本社会に対し、[30] 幕末＝明治維新を歴史的に共有する観客同士の連帯を呼び掛ける統合志向のイデオロギーを体現したのである。

第六節　祖父より始まる

二〇〇二年公開の『たそがれ清兵衛』は、前節までに見た歴史的な幕末＝明治維新像の名残を留める映画である。実際、驚くべきは、父子ほども年長の伊藤大輔（一八九八年‐一九八一年）やマキノ雅弘（一九〇八年‐九三年）同様、自身の幕末＝明治維新像を言語化する際、山田洋次（一九三一年‐）も祖父の記憶に言及した点である。

ぼくの祖父は江戸時代の終わりごろ、九州で生まれているんです。下級武士の倅だった。ぼくが小さいときに、おじいさんから聞いた話が妙に心に残っているのです。彼は［…］一旦、東京で就職するのですが、西南戦役でまた九州に戻って、西郷隆盛の軍を討つために田原坂まで行ったんだそうです。それが、どんな戦いであったかということを、小さいぼくらは胸を締めつけられながら聞いたことがあります。

［…］

そんなふうに、ぼく自身が幕末の匂いを少しでも嗅いでいるんですね。そしたら、それはそんなに遠い時代のことじゃないんだ。ぼくたちが手を伸ばせば届く時代なんだ。そこを信じようじゃないか。そういうことをしきりにスタッフに話しました。[31]

この発言からは、幕末＝明治維新を経験した祖父の生涯が、『たそがれ清兵衛』を準備中の山田に対し、まさに幕末＝明治維新像の原型を提供した事実が読み取れる。無論、伊藤やマキノの事例に比べ、西南戦争――第二章に見た『灰燼』（村田實監督、一九二九年）も示す通り、西南戦争（一八七七年）とは幕末映画よりも散切映画の守備範囲である――に参戦した山田の祖父は、それゆえ幕末＝明治維新との関連性が薄く、山田の幕末＝明治維新像の歴史性も、また希薄化せざるを得ない。実際、山田は『たそがれ清兵衛』が参照した映画の一本に、幕末＝明治維新とは歴史的に懸け離れたヴェトナム戦争（一九六〇年‐七五年）を表象する『地獄の黙示録』（*Apocalypse Now*、一九七九年）を挙げ[32]、自身の幕末＝明治維新像の歴史性に小波を立たせる。しかし同時に、山田が父権的血縁を梃子に、昭和初年の幕末映画と同様、歴史的な幕末＝明治維新像を『たそがれ清兵衛』の起点に据えたのも事実である。

それでは、映画的テクスト『たそがれ清兵衛』は、幕末＝明治維新を如何に物語化したのか。再び驚くべきは、昭和初年の幕末映画に見られる幕末＝明治維新表象の約束事が、ほぼ正確に反復された点である。実際、本作は明治維新以後の日本、山田自身の言い回しでは「昭和三年とか四年とか[33]」に時間設定された場面を結尾に配置する。前述の『坂本龍馬』や『興亡新撰組』と同様、結尾に映し出されるのは主人公井口清兵衛（真田広之）の墓石、並びに明治・大正期を生き抜き、年齢を重ねた井口の次女以登（岸恵子）の墓参の模様である。晩年の以登はまた、重ね声（voice-over）を通じ、映画的テクスト全編の不可逆的進行を統べる語り手である。それゆえ、昭和初年の幕末映画と同様、本作も近代日本の存立が既成事実化した昭和初年、すなわち晩年の以登の《現在》の視座から、以登の幼年期である幕末＝明治維新の《近過去》を振り返る、歴史叙述の枠物語結構を備えた映画と言える。とは言え、本作の枠物語結構の機能は、昭和初年の作例とは異なり、本来的な両義性の狭間に動揺する。仮に『たそがれ清兵衛』が昭和初年に公開されれば、幕末＝明治維新を描く映画の躯幹の現実性を枠物語が強化したはずである。なぜなら、枠物語に映し出されるのは、まさに公開当時の《現在》だからである。これに対し、本作が実際に公開された二一世紀初頭の観客には、枠物語を《現在》と見なすのは困難であり、《近過去》または《過去》と認識するはずである。それゆえ、彼／女が昭和初年の《過去》に現実性を覚えれば、昭和初年から回顧された幕末＝明治維新もまた、遡及的に時間軸上に位置づけられ、『たそがれ清兵衛』の幕末＝明治維新像も歴史性を帯びる反面、二一世紀初頭と昭和初年との隔たりが前景化すれば、《過去》の彼方の《大過去》に距離化された幕末＝明治維新の歴史的現実性も希薄化するのである。詳細は次節に譲るものの、まずは昭和初年の幕末映画を特徴づける物語構造の約束事が、半ばマニエリスム的に『たそがれ清兵衛』に反復された事実を確認したい。

最後に『たそがれ清兵衛』を取り巻く公開当時の宣伝や時評の言説を検討しよう。昭和初年の幕末映画と同様、『たそがれ清兵衛』の周囲にも、銀幕に登場する幕末＝明治維新の映像の、歴史的な幕末＝明治維新像への回収を企図した言説が頻出する。例えば、本作の公式冊子は、「従来の時代劇の約束事を踏襲せず、細部にわたり徹底的にリアリティを追求し［…］江戸時代末期の人々の［…］衣装、生活、喋り方、食事の内容など［…］を可能な限り綿密に描く」試みと自身を規定する。[34] とは言え、本作の歴史的な幕末＝明治維新像は、最初から破綻を運命づけられる。実際、ある映画評論家も指摘する通り、本作の綴る主人公井口とヒロイン飯沼朋江（宮沢りえ）のメロドラマ的な異性愛は、「じつのところ、まだ封建の時代に、身分のある侍の妹で上士の妻だったことのある女性が、こんなに自由に家から出歩いてよその男の家に出入り出来たかどうか疑問がなくはない」のである。[35]しかし同時に、この書き手は、自身が指摘した歴史的な幕末＝明治維新像の綻びを積極的に縫合する。前掲の一節に続く、「ただその点、作者は入念に工夫をこらして、彼女は男の家に出入りしていたのではなく、そこの娘たちと強い心の絆を持っていたのだとしているあたりを苦心のあるところとして認めたい。そういう工夫をこらさないと時代劇映画の侍たちは容易に歌舞伎の枠から飛び出せないからである」との評言は、[36]幕末＝明治維新当時の自由恋愛という絵空事を描けば、「歌舞伎の枠」が打ち破られ、時代劇の「リアリズム化」[37]が実現するとの奇想天外な想像力を通じ、『たそがれ清兵衛』が銀幕に示した幕末＝明治維新の映像を統一された幕末＝明治維新像へと飛躍させる。こうした幕末＝明治維新像は、すでに歴史的とは言い難い――再び詳細は次節に譲る――ものの、昭和初年の幕末映画の周囲に観察された、宣伝と時評の共闘を通じた幕末＝明治維新像の構築が、歪みを伴いつつ、二一世紀初頭にも反復されたのは事実である。

第七節　歴史からユートピアへ

前節に見た通り、『たそがれ清兵衛』は昭和初年の幕末映画を取り巻く歴史的な幕末＝明治維新像の余韻を残す映画である。しかし同時に、歴史的な幕末＝明治維新像が、二一世紀初頭を生きる観客や映画評論家には無用の長物である事実を顕在化させたのも、また『たそがれ清兵衛』である。本節では、この問題を仔細に検討する。

実際、二一世紀初頭の映画評論家には、事実上、歴史的な幕末＝明治維新像は想像力の埒外である。前節に引用した時評も、議論は『たそがれ清兵衛』と先行の時代劇や歌舞伎との大雑把な比較に終始し、昭和初年の《過去》を媒介に、幕末＝明治維新を曲りなりにも《大過去》に位置づけた『たそがれ清兵衛』と、言わば《非現在》に時間設定しつつ、多分に神話的な世界を表象する時代劇との差異には鈍感である。『たそがれ清兵衛』公式冊子に収録された評論も同様の事例である。『七人の侍』（黒澤明監督、一九五四年）や『椿三十郎』（黒澤明監督、一九六二年）を手始めに、『父ありき』（小津安二郎監督、一九四二年）や『血槍富士』（内田吐夢監督、一九五五年）、さらには『マディソン郡の橋』（*The Bridges of Madison County*、一九九五年）に至るまで、『たそがれ清兵衛』が評者に連想させる古今東西の多種多様な映画が、本作に「散りばめられた映画的な記憶」と理解されるものの、幕末＝明治維新を描く映画には言及されない[38]。こうした事例は、幕末＝明治維新に時間設定された映画をジャンル論的に弁別する映画史的想像力の枯渇を示唆すると同時に、幕末＝明治維新を巡る大衆的議論――「明治維新とそれにつづく過程とは[39]」――が陳腐化した二一世紀初頭には、銀幕に再現された幕末＝明治維新の映像を歴史的な幕末＝明治維新像に回収する歴史的想像力もまた、同様に陳腐化せざるを得ない事実を顕在化させる。幕末映画は昔日の夢なのである。

以上のような、歴史的な幕末＝明治維新像や幕末映画の有名無実化の傾向に鑑みれば、『たそがれ清兵衛』が公開当時に観客から突きつけられた、いささか奇妙な反応の重要性も理解し得よう。すなわち「インターネット上などの掲示板で、特に若い人たち」が発信した「ラストの墓参りのシーンは余計だという意見」である[40]。そもそも、本章の議論が解明した通り、昭和初年の墓地の場面とともに物語を終息する『たそがれ清兵衛』の選択は、映画史的には正統的である。それゆえ、前掲の違和感は、基本的には二一世紀初頭に本作を受容する観客の認識論的変化に起因するはずである。実際、『たそがれ清兵衛』の閉幕の所作を巡る不満は、昭和初年の《過去》を媒介に、銀幕に再現された《大過去》の幕末＝明治維新の映像を、時間軸上を遡及しつつ、歴史的な幕末＝明治維新像に回収する想像力が、すでに無用の長物と化した《現在》を逆照射する。無論、書かれつつ消されるインターネット言説の体系的分析は実質的に不可能であるが、署名入り時評に認められる幕末映画のジャンル論的機能の減退に鑑みても、以上の解釈が妥当である。

『たそがれ清兵衛』の閉幕の所作を巡るインターネット上の否定的反応は、幕末＝明治維新像の転回、より正確には転回に対する作者の追認を招来した。まさに日本映画史上の事件である。と言うのも、本作のＤＶＤ特典には山田洋次への聞き取り映像が収録されたが、前掲の反応への意見を求められた山田は、「その意見は［…］これからの映画作りの上で耳を傾ける必要はある」と述べたのである。[41] 実際、作者の意図はともかく、山田が『たそがれ清兵衛』に続き、再び幕末＝明治維新に取材した『隠し剣鬼の爪』では、明治維新以後を描く場面は閉幕の所作に組み込まれず、また『たそがれ清兵衛』の場合は明確に明治維新以後、具体的には昭和初年の立場から発せられた重ね声も、『隠し剣鬼の爪』の場合、語り手である主人公片桐宗蔵（永瀬正敏）が明治維新を経験済かは明言されず、時間軸上の位置づけが曖昧である。[42] こうした差異は以下の事実を示唆する。『たそがれ清兵衛』では、二一世紀初頭の《現在》に対し、《大過去》に位置づけられた幕末＝明治維新が、『隠し剣鬼の爪』では、時間軸上から遊離した《非現在》に変質したのである。結果的に、『隠し剣鬼の爪』は歴史を叙述する映画とは言えず、それゆえ本作を取り巻く幕末＝明治維新像も歴史性を希薄化する。

最後に、簡潔に記したい。『隠し剣鬼の爪』を巡る新しい幕末＝明治維新像は、言わばユートピア的な幕末＝明治維新像である。実際、ユートピアの持つ「本質的動向」とは、まさに「『歴史』からの離脱」や「時間的変動を拒否した閉所空間への自閉」である。[43] 昭和初年の幕末映画が、結尾に日章旗や墓所の映像を提示し、日本人に連帯を呼び掛ける統合志向のイデオロギーを湛えたのに対し、『隠し剣鬼の爪』を総括する山並の映像は、むしろ物語世界を空間的に隔離し、ユートピア的な「閉所願望[44]」を充足させる。『隠し剣鬼の爪』が提起するのは、ユートピアの「城砦＝牢獄[45]」に接近する、まさに分断志向のイデオロギーである。[46]

第八節　二〇〇六年の結論

本章は、ともに幕末＝明治維新を主題に据えた『たそがれ清兵衛』と『隠し剣鬼の爪』との決定的な差異を同定し、同時に二一世紀初頭、すなわち《現在》の言説が、なぜ両者の決定的な差異を捉え損ねたのかを考察するという、二つの目的とともに開始した。ここまでの議論を通じ、『たそがれ清兵衛』の周囲に生起した、より正確には残存した幕末＝明治維新像が、昭和初年の幕末映画を特徴づける歴史性を帯同したのに対し、『隠し剣鬼の爪』の周囲には、むしろ非歴史的かつユートピア的な幕末＝明治維新像が優勢化しつつある事実を指摘し、前者の目的を達成した。こうした結論は、同時に後者の目的の達成に帰結する。『たそがれ清兵衛』が公開された二一世紀初頭は、ユートピア的な幕末＝明治維新像が優勢であり、歴史的な幕末＝明治維新像は想像力の埒外であるために、そもそも差異自体が問題化せず、それゆえ本章が、両者の差異が言い漏らされたと主張するのは、昭和初年の幕末映画を参照項に、『たそがれ清兵衛』と『隠し剣鬼の爪』を比較する限りは説得的であるものの、二一世紀初頭の日本社会を生きる観客、特にインターネット上に映画の感想を綴る若年層の認識自体に思いを馳せる場合には誤謬である。彼／女は、両者の差異を差異とは認識し得ない程度に、ユートピア的な幕末＝明治維新像に身近であり、それゆえ『たそがれ清兵衛』の閉幕の所作に違和感を表明したのである。山田洋次の次回作『武士の一分』では、こうした歴史性とユートピア性の綱引きは如何なる展開を見せるのだろうか。《未来》を刮目しつつ待ちたい[47]。

補論①　盲目と写真　『武士の一分』と『母べえ』に見る想像の切り返し

『たそがれ清兵衛』から『隠し剣鬼の爪』への、山田洋次の最新作の更新を通じ、歴史性からユートピア性へと重心を移行させた幕末＝明治維新像は、三部作の最終作『武士の一分』の公開を通じ、歴史性との紐帯をほぼ完全に断絶したようである。そもそも、映画的テクストに向き合うのみでは、本作の時間設定は漠然と江戸期と理解し得るに止まり、幕末＝明治維新に限定するのは実質的に不可能である。山田洋次という作者の意図の介入を認めるとき、ようやく幕末＝明治維新が視界に浮上する。山田は述べる。

> 江戸時代の二七〇年間、日本では戦争らしい戦争はなかった。その頃ヨーロッパでは国境を接した国々が戦争に明け暮れていたことを思えば、大変な違いです。
> 天下泰平と称された江戸時代の平和は、徳川幕府の圧政によるものではあったが、反面、二七〇年の平和な停滞はこの国の文化に独特な特徴を与えることになります。幕末に大勢の欧米の知識人たちが日本を訪れ、数多くの見聞録を残しました。それらの書物には日本人は穏やかで謙虚で礼儀正しく、その暮らしぶりは貧しくとも清潔であり、農村の風景の美しさにいたっては、ユートピアを見るようだとさえ語られています。
> 映画『武士の一分』は優しい愛妻物語であり、白刃閃く復讐譚でもありますが、この映画を通して、ぼくたちは江戸時代の地方の藩で静かに生きていた先祖たちの姿を敬意を込めて描く、ということをしたいと思います。[48]

『たそがれ清兵衛』公開当時、山田が自身の幕末＝明治維新像を言語化する際に言及した祖父、すなわち二世代前の父権的血縁は「江戸時代の［…］先祖たち」に曖昧に拡散し、幕末＝明治維新は「歴史意識からの転落」[49]を遂げ、「ユートピア」に回収される。

『武士の一分』のユートピア性をテクスト的に補強するのが、主人公三村新之丞（木村拓哉）の身体的特性、すなわち物語前半の失明に伴う盲目性である。ここでの三村の盲目性は、主人公がカメラ目線を通じ、二一世紀初頭の観客と想像の切り返しを成就する契機を実質的に失効させる。盲目性が《近未来》または《未来》と交感する先見性――無論、こうした先見性は事後的かつ合目的的な想像力の産物であり、時間の介入に前提される点で、歴史的かつ非ユートピア的な想像力の産物である――の不在の比喩形象に搾取されるのである。

山田洋次の想像の切り返しに着目した場合、より興味を惹かれるのは、『武士の一分』の次回作『母べえ』である。一五年戦争下に時間設定され、伴侶の独文学者野上滋（坂東三津五郎）の投獄――治安維持法に根拠づけられた反戦思想の弾圧——および獄死という悲運に見舞われたヒロイン野上佳代（吉永小百合）、並びに彼らの長女初子（志田未来）と次女照美（佐藤未来）を描く本作は、「苦難」の只中を生きるヒロインの「美徳」——「美徳は苦難を通じてのみ評価され得る」[50]——を焦点化したメロドラマである。同時に「『大東亜戦争』という近代日本の破局的事態」[51]を物語化する点で、国民国家日本への想像力とも密接に関わるのであるが、本作を総括するのは、昭和初年の幕末映画と同様、公開当時の《現在》の場面である。老境に至り、末期を迎えつつある佳代を、やはり中年の初子（倍賞千恵子）と照美（戸田恵子）が見守る。照美は佳代に語り掛ける。

（照美）もう行っちゃうの、母べえ［佳代］？ そうね、もうすぐ父べえ［滋］に会えるんだもんね。［…］何？ もう一回言って。そんな！ そんな！
（初子）母べえ、何て言ったの？
（照美）あの世でなんか会いたくないって。生きてる父べえに会いたいって。死んでから会うなんて嫌だって。

病床に飾られた二枚の写真——生前の滋と獄中の滋の生還を待つ一五年戦争下の佳代たち——が接写される。注目すべきは、この箇所の滋の写真——滋は自身を撮影中のカメラを見詰める——に対し、『母べえ』を撮影中のカメラの焦点が合わない事実である。第一章に見た昭和初年の幕末映画が、カメラを見詰める孤独な主人公と銀幕を見詰める観客との想像の切り返しを通じ、超時空的な愛国者同士の絆の補強に努めたように、一五年戦争下の獄中に孤独死した反戦論者——一五年戦争の結末は敗戦だと知る『母べえ』公開当時の《現在》から振り返れば、少なくとも事後的には、一五年戦争当時の反戦論者には先見性が認められるのであり、それゆえ滋は、幕末＝明治維新当時、いささか時代錯誤的に国民国家日本への想像力を発揮した、例えば『尊王攘夷』の主人公井伊直弼などと同様の立場に位置し得る——の遺影に焦点を合せれば、滋と公開当時の観客との間に想像の切り返し——銀幕を見詰める観客の視線が『母べえ』を撮影中のカメラの視線に重なり、生前の滋を写真に収めたカメラの視線に重なり、最終的には滋の視線に真正面から遭遇する——の契機が生じ、以下に掲げる作者の意図にも適うはずである。

この映画は一九四〇（昭和一五）年から一九四一（昭和一六）年にかけての東京の郊外のつましい家庭が舞台です。間もなく太平洋戦争が始まろうとする、あの絶望的な時代を懸命に生きた人々の、愛に溢れた笑い声や悲しい涙を、そっとスクリーンに写し取りたい、そしてあの戦争で悲しい思いをした人びと、さらには今もなお戦渦に苦しむ人たちすべてに想いを馳せながらこの作品を作り上げたい、と念じます。[52]

作者の意図を裏切るように霞んだ滋の写真は、しかしながら、前掲の照美の台詞とも連携しつつ、作者の意図とは異なる次元に、『母べえ』に新たな解釈の可能性を導入する。

そもそも想像の切り返しとは、イデオロギー装置であるメロドラマ——「メロドラマは犠牲者＝主人公および彼らの美徳を評価することに注意を集中する」[53]——自体、「犠牲者」の搾取に前提される事実を暴露しかねない瞬間である。昭和初年の幕末映画の主人公は、国民国家日本を想像し得る先見性が周囲の無理解に晒された挙句、テロリズムに生命を脅かされ、それゆえ想像の切り返しを通じ、行き場の見当らない恨みを昭和初年の観客に吐露する。とは言え、逆に見れば、そもそも彼らは昭和初年の観客以外に恨みの捌け口を見出せないよう、つまりは昭和初年の観客の同情を最も効率的に集められるよう、幕末＝明治維新を孤独に生きる政治家に造形されたとも言える。『母べえ』の野上滋もまた、実在の独文学者野上巖（一九〇一年‐五七年）——『母べえ』に原作を提供した野上照代の父親——は一五年戦争後も生命を存えたにもかかわらず、反戦思想の先見性が二一世紀初頭の観客の同情を最も効率的に集められるよう、劇中では一五年戦争下に孤独な獄死を強いられる。軍国主義の犠牲者と描かれる滋は、より正確には『母べえ』の作者山田洋次の犠牲者なのである。

『母べえ』の結尾が興味を惹くのは、本作のメロドラマ的な搾取の構造を巡る、まさに自省の契機と解釈し得るからである。照美は佳代に対し、「もうすぐ父べえに会える」と語り掛けたとは言え、佳代の死は一五年戦争下に先立つ滋の孤独を慰撫しない。また、滋の魂魄も新たに死出の旅路に就く佳代の孤独は慰撫しない。照美の言葉は、最愛の両親の「あの世」の再会を仮構し、佳代との死別の悲哀を遣り過ごそうと試みる、照美自身の無自覚的な目的を露呈する。『母べえ』が滋を一五年戦争下に孤独死させ、作者の反戦論的な意図の充足を企図したのと同様、照美も自身の愛別離苦を慰撫するため、口なき死者滋を合目的的かつメロドラマ的に召喚する。それゆえ、照美への佳代の返答――「生きてる父べえに会いたい」――は、照美並びに『母べえ』のメロドラマ的想像力を相対化する。公開当時の観客との想像の切り返し、つまりは山田洋次と観客の口なき死者の搾取を表層の霞みの彼方に逃れる写真の滋と、照美による口なき死者の搾取に異を唱える末期の佳代を通じ、作者の意図に図らずも亀裂が入る『母べえ』の結尾は、苦難の生涯を生きた佳代を取り巻く典型的なメロドラマ性と、メロドラマ性自体への自省が静かに牽制し合う稀有な瞬間である。

補論②　散切物の転生　二〇一〇年代前半の髷をつけない時代劇

誰がどう見てもチョンマゲはやっぱりカツラなのだ。
まずあれを何とかしてもらいたい。
[…] いちばん簡単なやり方は、
俳優がみんな普段の髪形のまま出るということだ。
——黒沢　清[54]

本章は、山田洋次監督の海坂藩三部作に焦点を絞り、『母べえ』にも配慮しつつ、二一世紀初頭の幕末映画を巡る状況を素描した。とは言え、すでに『母べえ』も八年前の映画であり、『おとうと』（二〇一〇年）、『東京家族』（二〇一三年）、『小さいおうち』（二〇一四年）、『母と暮せば』（二〇一五年）と、山田の作家的経歴も着実に更新されつつある。一旦、本書の筆を擱く——京都大学「平成二七年度総長裁量経費人文・社会系若手研究者出版助成」を獲得した本書は、二〇一六年三月三一日までに刊行されなければならない——に際し、最後に『母べえ』からの八年間、特に二〇一〇年代の問題を時評的に取り上げたい。すなわち、散切物の転生である。

二〇一一年、第三七回放送文化基金賞テレビドラマ本賞を獲得したのは、明治期の仇討事件に取材した『遺恨あり　明治一三年最後の仇討』（テレビ朝日、二〇一一年二月二六日）である。興味深いのは、本作の物語の骨子が、第二章に言及した散切映画『敵討道中双六』（渡辺新太郎監督、一九二九年）——「維新から明治へ、江戸から東京へ。親姉の仇を尋ね、多くの苦労を積んで終に目的を果す」[55]——を正確に反復した点である。本作を散切物と形容するジャンル論的想像力は、二一世紀初頭には見当らないかも知れない。とは言え、本作の批評的成功は、本書が書かれつつある《現在》もなお、散切物が重要な問題機制を構成する事実を立証する。

実際、本章に見た通り、二〇〇〇年代は幕末＝明治維新に取材した映画が継続的に製作されたが、二〇一〇年代に入り、関心は明治期に波及したように見える。試みに明治期、特に明治初年を時間設定に含む映画・テレビドラマを列挙しよう。

二〇一〇年　『龍馬伝』（ＮＨＫ、一月‐一一月）
　『坂の上の雲』第一部（ＮＨＫ、一一月‐一二月）
二〇一一年　『遺恨あり　明治一三年最後の仇討』（テレビ朝日、二月）
　『坂の上の雲』第二部（ＮＨＫ、一二月）
二〇一二年　『るろうに剣心』（大友啓史監督、八月）
　『坂の上の雲』第三部（ＮＨＫ、一二月）
二〇一三年　『八重の桜』（ＮＨＫ、一月‐一二月）
　『許されざる者』（李相日監督、九月）
二〇一四年　『るろうに剣心・京都大火編』（大友啓史監督、八月）
　『るろうに剣心・伝説の最期編』（大友啓史監督、九月）
　『柘榴坂の仇討』（若松節朗監督、九月）
二〇一五年　『花燃ゆ』（ＮＨＫ、一月‐一二月）

テレビドラマから整理すれば、『坂の上の雲』三部作の躯幹の時代設定は、一九二九年の阪東妻三郎が新たな時代劇の期待を懸けた「明治初年の世態からはじまつて、日露戦争あたりまでの時代[56]」とも正確に重なる。『龍馬伝』の躯幹の時間設定は幕末＝明治維新であるが、長丁場の物語の進行を司る語り手岩崎弥太郎（香川照之）の《現在》は明治期である。「会津編」と「京都編」の二部構成を採用した『八重の桜』のヒロインは、幕末＝明治維新から日清・日露戦争へ、さらには昭和初年へと生きた新島八重（綾瀬はるか）であり、脚本の主軸は二〇一一年に散切物の新作『明治おばけ暦』（東京・前進座劇場）が上演された山本むつみである。また『花燃ゆ』も「幕末編」と「明治編」の二部構成である。

映画に目を転じれば、人気漫画が原作の『るろうに剣心』三部作、クリント・イーストウッド監督の西部劇『許されざる者』（*Unforgiven*、一九九二年）を北海道の物語に翻案した『許されざる者』[57]、桜田門外の変の後日譚『柘榴坂の仇討』はいずれも明治初年に時間設定され、『遺恨あり　明治一三年最後の仇討』同様、幕末＝明治維新の思想的対立から生起したテロリズムの恨みを清算し切れぬまま、明治期を生きざるを得ない主人公が描かれる。明治維新六〇周年前後に隆起した幕末映画の大流行が、一九二九年の散切映画への関心に波及する過程が、あたかも八〇年後に正確に再現されつつあるかのようである。

こうした関心の波及には、二つの視座から接近し得る。第一は、前掲の映画作家黒沢清が目論むような、髷をつけない時代劇との関連である。時代劇から髷を排除しつつ、なお剣劇の魅力——黒沢は「日本刀にはドラマを一瞬にして会話劇から活劇へと展開させる力がある」と語る[58]——を最大限に活用するには、明治初年は格好の時間設定に違いない。実際、剣劇の本家新国劇の神事とも呼ぶべき『殺陣田村』を演じるのは、「普段の髪形」に紋付袴姿の座員である。『殺陣田村』は時代劇から髷が退化する運命を予見したのかも知れない。

第二は、再び時代劇／現代劇間の関係性との関連である。実際、第一線に活躍する映画作家一〇名に「時代劇あるいは歴史映画」への見解を尋ねた二〇一〇年の意見調査では、青山真治が『マリアのお雪』（溝口健二監督、一九三五年）、船橋淳が『残菊物語』（溝口健二監督、一九三九年）など、明治期の物語が言及され、石井岳龍が『仁義なき戦い』五部作、阪本順治が『日本のいちばん長い日』（岡本喜八監督、一九六七年）、万田邦敏が大岡昇平『レイテ戦記』（中央公論社、一九七一年）など、昭和期の物語も言及された（「時代劇アンケート」『第七回京都映画祭公式カタログ』［京都映画祭実行委員会事務局、二〇一〇年」、三〇頁‐三三頁）。時代劇／現代劇間の境界線の動揺が臨界点に逢着したような、こうした《現在》の状況もまた、散切物の転生に関与したに違いない。とは言え、性急な結論は禍根を残す。《未来》を刮目しつつ待ちたい。

註

1　四方田犬彦『李香蘭と原節子』（岩波書店、二〇一一年）。

2　「時代劇、復活」『キネマ旬報』一九九九年一一月上旬号、四六頁‐五五頁。

3　「時代劇、復活」『キネマ旬報』一九九九年一一月上旬号、四六頁。

4　成田龍一『〈歴史〉はいかに語られるか　一九三〇年代「国民の物語」批判』（日本放送出版協会、二〇〇一年）、一二〇頁。

5　劉文兵『映画の中の上海　表象としての都市・女性・プロパガンダ』（慶応義塾大学出版会、二〇〇四年）、ⅶ頁。

6　伊藤大輔「自作を語る」『キネマ旬報』一九五四年七月一日号、八〇頁。なお、散逸したと思われた『一殺多生剣』の映像が不完全版ながらも発見され、第八回京都映画祭に公開を見た。二〇一二年一〇月の京都文化博物館の上映、並びに映像を入手した蒐集家の覚書——伊藤大輔旧蔵『一殺多生剣』撮影場割台本（京都文化博物館）からの採録など、貴重な覚書であるが、一次資料の内容と蒐集家の言説が混在し、誤植も散見される——を分析した場合、まさに本作は、第一章に見た昭和初年の幕末映画の典型例である。主人公の幕臣緒方十兵衛（市川右太衛門）は、徳川家恩顧の旗本でありながら、そもそも「皇国は之天朝のしろし召す処」と主張し、それゆえ朝権に支持された倒幕軍との一戦も辞さずと息巻く佐幕派の彰義隊への参画を拒み、「先づ　第一は四民平等だ　某しはこれより　無力無援の　下民の爲」に生きると宣言する（『一殺多生剣』覚書）。国民国家日本への想像力を先見的に体得する緒方は、折しも倒幕軍の無法な隊長乾源十郎（金子弘）に老母を殺害された髪結米吉（市川右太衛門［二役］）一家を救うため、倒幕軍と阿修羅の如く闘争した挙句、目指す乾を斬り倒すものの、一斉射撃の下に息絶える。とは言え、本作は昭和初年の幕末映画の約束事の通り、倒幕軍と悪とを単純な等号に結ぶ善悪のメロドラマには帰着しない。すなわち、前述の闘争の場面では、緒方と緒方捕縛を指揮する倒幕軍の隊長佐分利玄蕃（高堂国典）の間に思想的対立を超えた愛国者同士の絆――同時に《男》同士の絆――が成立する。緒方が佐分利を「官軍の中の男」と称え、また佐分利が緒方を「幕臣の雄」と称える遣り取りに加え、二人の死闘の最中には、緒方が「佐分利！貴公は　官軍一万の中の　唯一人の男だ　非常時日本の爲　生きてくれ」と諭すのに対し、佐分利も「貴様の　気持は嬉しいが　軍人道には許されぬ　この上は只相共に　倒れる迄ぢや」と応じるからである（『一殺多生剣』覚書）。発見された映像は「一六ミリ短縮版二巻」（『一殺多生剣』覚書）であり、原形版の字幕と相当な差異が見られるには違いないが、本作が昭和初年の幕末映画であるのは論を俟たない。ただし、本作は傾向映画――第二章に言及した通り、本作公開の一九二九年前後に流行を見た、マルクス主義に味つけされた映画――にも含まれる幕末映画であり、それゆえ閉幕の所作は示唆的である。緒方の絶息に続き、緒方の墓標と見える映像に重ね、以下の字幕が登場する。

斯くて
時代の革新児
緒方十兵衛は
四民平等の世の
尊い人柱として
黎明も待たで
永遠の地下（『一殺多生剣』覚書）

ここでは、《現在》が「四民平等の世」であると明言されないために、幕末＝明治維新が昭和初年の《現在》にメロドラマ的に収斂し切らず、むしろ次なるメロドラマ、すなわち《近未来》の階級闘争に向けた期待が垣間見える。第三章の議論に鑑みれば、本作のメロドラマ的目的は《現在》を通過し、《近未来》に透かし見られるのである。マルクス主義とメロドラマの関係を知るには、例えば「映画、精神分析、そして共産主義国家という、この［二〇］世紀を騒がせた三大発明は、例外なくメロドラマと深い関係」に置かれると論じる映画学者四方田犬彦の見解が示唆に富む（四方田犬彦「解題　メロドラマの研究史とブルックス」（ピーター・ブルックス『メロドラマ的想像力』［四方田犬彦／木村慧子訳、産業図書、二〇〇二年］、三二一頁）。『一殺多生剣』復元の経緯を知るには、前掲『一殺多生剣』覚書、太田米男「復元：幻の『一殺多生剣』発見！」（『第八回京都映画祭公式カタログ』［京都映画祭実行委員会事務局、二〇一二年］、三四頁）を参照せよ。

なお、傾向映画と幕末映画の混淆例では、辻吉朗監督『維新暗流史』（一九三〇年）も著名である。興味深いのは、本作がフランス革命（一七八九年 - 九九年）に時間設定した一九二一年の英文学『スカラムーシュ』（Rafael Sabatini, *Scaramouche* [Tebbo, 2012]）を原作に選んだ事実である。時評を見よう。

『スカラムーシュ』なるものが、既に、我が國でいえば、吉川英治級の幕末劔戟物と大差のないもので、たゞ背景に佛蘭西大革命を持つてゐることに唯一の刺戟性を附與してゐるが結局は親子の因果關係を骨子としたメロドラマである。これを幕末維新の時代劇に飜案すべく着眼したのは當を得てゐるが、強いてこれにプロ［レタリア］意識を盛り意義づけやうとしたのは、結果に於いて失敗であつた（鈴木重三郎『維新暗流史』時評、『キネマ旬報』一九三〇年四月一日号、一六〇頁）。

ここに言う「親子の因果關係」とは、公開当時の紹介記事を参照すれば、倒幕派の主人公墨研之進（澤田清）が「自分の戀仇、勤王黨の仇である都築［市川小文治］が自分の父と知つた時［…］遂に親子の愛情に溺れて裏切者」（『維新暗流史』紹介、『キネマ旬報』一九三〇年二月二一日号、八五頁）に変じる物語――秘密の血縁関係の発覚――を指し、時評に言う通り、典型的にメロドラマ的である。『維新暗流史』は「メロドラマ［…］が出現した歴史的文脈」（Peter Brooks, *The Melodramatic Imagination: Balzac, Henry James, Melodrama, and the Mode of Excess* [New Haven: Yale UP, 1995] x）であるフランス革命が、幕末映画やマルクス主義と見事に交差した作例である。

7　伊藤大輔「新撰組私見」『シナリオ研究』第五冊（一九三八年）、一三五頁。

8　「上野戦争」『広辞苑』第五版（岩波書店、一九九八年）。
9　「時代劇はよくなる　時代劇巨匠座談会」『キネマ旬報』一九四〇年七月一日号、八三頁。
10　マキノ雅弘『映画渡世・地の巻』（平凡社、一九七七年）、四五八頁・六七頁。
11　中村秀之「ハリウッド映画へのニュースの侵入　『スミス都へ行く』と『市民ケーン』におけるメディアとメロドラマ」、長谷正人／中村秀之編『映画の政治学』（青弓社、二〇〇三年）、一二二頁。
12　マキノ雅弘『映画渡世・天の巻』（平凡社、一九七七年）、一四頁。
13　千葉伸夫『評伝山中貞雄　若き映画監督の肖像』（平凡社、一九九九年）、一一頁。
14　以下は第三章第三節「など波風の立ち騒ぐらむ」の議論と部分的に重複する。
15　北川冬彦『尊王攘夷』時評、『キネマ旬報』一九二七年一〇月二一日号、六九頁。
16　伊藤大輔『興亡新撰組』脚本、伊藤大輔著／伊藤朝子編『伊藤大輔シナリオ集』第一巻（淡交社、一九八五年）、一一五頁・一一七頁。
17　枠物語結構の両義性の議論は、加藤幹郎『映画の領分　映像と音響のポイエーシス』（フィルムアート社、二〇〇二年）より「ミッチェル・ライセン　忘れられたハリウッド映画作家を再発見しよう」（二四八頁・五五頁）に示唆を得た。
18　御園京平『活辯時代』（岩波書店、一九九〇年）、無頁。
19　『坂本龍馬』広告、『キネマ旬報』一九二八年五月一日号、無頁。
20　『坂本龍馬』広告、『キネマ旬報』一九二八年五月一一日号、五五頁。
21　『坂本龍馬』広告、『キネマ旬報』一九二八年五月二一日号、五八頁・五九頁。
22　作者の意図の問題を知るには、加藤幹郎『『ブレードランナー』論序説　映画学特別講義』（筑摩書房、二〇〇四年）、四五頁・四八頁が示唆に富む。
23　志波西果「『江藤新平』製作に當つて自縄自縛之弁」『キネマ旬報』一九二八年六月二一日号、四〇頁＋四五頁。
24　成田龍一『〈歴史〉はいかに語られるか　一九三〇年代「国民の物語」批判』（日本放送出版協会、二〇〇一年）、二〇頁。

25 北川冬彦『尊王攘夷』時評、『キネマ旬報』一九二七年一〇月二一日号、六九頁。
26 内田岐三雄『江藤新平』時評、『キネマ旬報』一九二八年七月一一日号、八一頁。
27 ヴァルター・ベンヤミン「複製技術時代の芸術作品」(久保哲司訳)、浅井健二郎編『ベンヤミン・コレクションI　近代の意味』(筑摩書房、一九九五年)、五九九頁-六〇〇頁。
28 映像の中立性に関する議論は、ソビエトの映画理論家レフ・クレショフの実験に示唆を得た。詳細は以下を参照せよ。"Kuleshov effect, Kuleshov experiment," *The Film Studies Dictionary*, ed. Steve Blandford, Barry Keith Grant, and Jim Hillier (London: Arnold, 2001) 136.
29 成田龍一『〈歴史〉はいかに語られるか　一九三〇年代「国民の物語」批判』(日本放送出版協会、二〇〇一年)、二〇頁。
30 成田龍一『〈歴史〉はいかに語られるか　一九三〇年代「国民の物語」批判』(日本放送出版協会、二〇〇一年)、二〇頁。
31 山田洋次「映画大学講義より　山田洋次監督､自作を語る」『シネ・フロント』二〇〇二年一〇・一一月号､一八頁-一九頁。
32 山田洋次「映画大学講義より　山田洋次監督、自作を語る」『シネ・フロント』二〇〇二年一〇・一一月号、二一頁。
33 『たそがれ清兵衛　リアリティの追求』。
34 「解説」『たそがれ清兵衛』公式冊子(松竹、二〇〇二年)、六頁。
35 佐藤忠男「『たそがれ清兵衛』のこと」『シナリオ』二〇〇三年一月号、一九頁。
36 佐藤忠男「『たそがれ清兵衛』のこと」『シナリオ』二〇〇三年一月号、一九頁。
37 佐藤忠男「『たそがれ清兵衛』のこと」『シナリオ』二〇〇三年一月号、一八頁。
38 吉村英夫「『たそがれ清兵衛』試論　あるいは山田洋次の『冒険』」『たそがれ清兵衛』公式冊子(松竹､二〇〇二年)､三五頁。
39 成田龍一『〈歴史〉はいかに語られるか　一九三〇年代「国民の物語」批判』(日本放送出版協会、二〇〇一年)、二〇頁。
40 『たそがれ清兵衛　リアリティの追求』。
41 『たそがれ清兵衛　リアリティの追求』。
42 なお、山田洋次は『隠し剣鬼の爪』後日譚を巡り、片桐宗蔵ときえ(松たか子)夫妻が「明治の三十何年」の北海道でキリスト教に帰依する「続編」を夢想した（山田洋次、聞き取り、『隠し剣鬼の爪』公式冊子〔松竹、二〇〇四年〕、一二頁）。

43 岩尾龍太郎「ユートピア物語とロビンソン物語　原型と変形」、井口正俊／岩尾龍太郎編『異世界・ユートピア・物語』（九州大学出版会、二〇〇一年）、五三頁‐五四頁。

44 岩尾龍太郎「ユートピア物語とロビンソン物語　原型と変形」、井口正俊／岩尾龍太郎編『異世界・ユートピア・物語』（九州大学出版会、二〇〇一年）、六三頁。

45 岩尾龍太郎「ユートピア物語とロビンソン物語　原型と変形」、井口正俊／岩尾龍太郎編『異世界・ユートピア・物語』（九州大学出版会、二〇〇一年）、六三頁。

46 山田洋次の代表的連作『男はつらいよ』全四八作（山田洋次監督〔第三作、第四作を除く〕、一九六九年‐九五年）とユートピアの問題を知るには、四方田犬彦『日本映画と戦後の神話』（岩波書店、二〇〇七年）より「寅さん、無頼の零落」（一〇七頁‐一三〇頁）が示唆に富む。

47 『武士の一分』公開を控えた二〇〇六年九月一六日、山田洋次と富川元文の共同脚本を佐々部清が監督した『出口のない海』が公開を見た。一五年戦争末期に日本海軍が敢行した人間魚雷回天の特攻を描く戦争映画であるが、本書が注目すべきは、公開当時の《現在》に時間設定された結尾の場面で、年齢を重ねた元・回天整備員が幽明相隔つ回天乗りの集合写真に正対し、静かな感慨に耽る箇所、言い換えれば集合写真を撮影中のカメラを見詰める《近過去》の主人公並木浩二（市川海老蔵）と、彼らの古惚けた写真を見詰める《現在》の老人との間に想像の切り返しが成立する箇所である。佐々部の証言によれば、そもそも本作は山田の発案であり、脚本の方向性も山田が決定した（佐々部清、聞き取り、『キネマ旬報』二〇〇六年九月一五日号、五四頁‐五五頁）。『たそがれ清兵衛』とともに歴史的な幕末＝明治維新像の陳腐化に際会した山田は、枠物語結構を再び採用し、今度は二一世紀初頭の《現在》の視座に立ち、一五年戦争末期という六〇余年前の《近過去》の表象に挑戦したのである。この事実は『母べえ』を分析する補論①に有効な手掛かりを提供するはずである。

48 「監督からの言葉」『武士の一分』公式冊子（松竹、二〇〇六年）、二頁。

49 四方田犬彦『日本映画と戦後の神話』（岩波書店、二〇〇七年）、一二九頁。

50 Linda Williams, *Playing the Race Card: Melodramas of Black and White from Uncle Tom to O. J. Simpson* (Princeton: Princeton UP, 2001) 29.

51 兵藤裕己『〈声〉の国民国家・日本』（日本放送出版協会、二〇〇〇年）、二四一頁。

52 「監督からの言葉」『母べえ』公式冊子（松竹、二〇〇八年）、五頁。

53 Linda Williams, *Playing the Race Card: Melodramas of Black and White from Uncle Tom to O. J. Simpson* (Princeton: Princeton UP, 2001) 29.

54 黒沢清「こんな時代劇を撮ってみたい！」『東京人』一九九四年一月号、六二頁。

55 袋一平『敵討道中双六』時評、『映画時代』一九二九年五月号、七六頁。

56 阪東妻三郎「漠然たる不安」『映画時代』一九二九年一月号、九頁。

57 アメリカ映画を翻案するに際し、北海道の空間設定が果す機能を知るには、大石和久「映画における北海道表象　その隠喩性について」（『日本映画学会会報』第六号［二〇〇六年］、無頁）が示唆に富む。

58 黒沢清「こんな時代劇を撮ってみたい！」『東京人』一九九四年一月号、六二頁。

一覧

池田重近『圓タク稼業』時評、『キネマ旬報』一九二九年三月二一日号、八七頁。

池田重近『時代の反抗児』時評、『キネマ旬報』一九三〇年九月一一日号、七四頁。

板倉史明「『旧劇』から『時代劇』へ　映画製作者と映画興行者とのヘゲモニー闘争」、岩本憲児編『時代劇伝説　チャンバラ映画の輝き』（森話社、二〇〇五年）、八九頁 - 一一四頁。

伊丹万作「戦争責任者の問題」『伊丹万作全集』第一巻（筑摩書房、一九六一年）、二〇五頁 - 一四頁。

伊丹万作『無法松の一生』脚本、『伊丹万作全集』第三巻（筑摩書房、一九六一年）、二七五頁 - 三三六頁。

伊津野知多「女性は勝利したか　溝口健二の民主主義啓蒙映画」、岩本憲児編『占領下の映画　解放と検閲』（森話社、二〇〇九年）、一一七頁 - 五〇頁。

伊藤大輔『王将』脚本、伊藤大輔著／伊藤朝子編『伊藤大輔シナリオ集』第二巻（淡交社、一九八五年）、九三頁 - 一三三頁。

伊藤大輔『興亡新撰組』脚本、伊藤大輔著／伊藤朝子編『伊藤大輔シナリオ集』第一巻（淡交社、一九八五年）、八五頁 - 一二〇頁。

伊藤大輔「自作を語る」『キネマ旬報』一九五四年七月一日号、七七頁 - 八七頁。

伊藤大輔「新撰組私見」『シナリオ研究』第五冊（一九三八年）、一三四頁 - 三七頁。

伊藤大輔／西原孝『月形半平太』脚本、伊藤大輔著／伊藤朝子編『伊藤大輔シナリオ集』第一巻（淡交社、一九八五年）、二三九頁 - 六八頁。

伊藤大輔著、加藤泰編『時代劇映画の詩と真実』（キネマ旬報社、一九七六年）。

稲垣浩「長谷川伸先生に学ぶ」『長谷川伸全集』付録月報⑨（朝日新聞社、一九七一年）、一頁 - 二頁。

岩尾龍太郎「ユートピア物語とロビンソン物語　原型と変形」、井口正俊／岩尾龍太郎編『異世界・ユートピア・物語』（九州大学出版会、二〇〇一年）、五一頁 - 七八頁。

岩本憲児「解題」、岩本憲児ほか編『「新」映画理論集成　①歴史／人種／ジェンダー』（フィルムアート社、一九九八年）、四二頁-四三頁。

内田岐三雄『江藤新平』時評、『キネマ旬報』一九二八年七月一一日号、八一頁。

内田岐三雄『灰燼』時評、『キネマ旬報』一九二九年四月一日号、一五一頁。

大井廣介『ちゃんばら藝術史』(深夜叢書社、一九九五年)。

大石和久「映画における北海道表象　その隠喩性について」『日本映画学会会報』第六号(二〇〇六年)、無頁。

太田米男「映画『無法松の一生』再生」I-IV、『藝術』第一七号(一九九四年)、二四八頁-六〇頁:第一八号(一九九五年)、九九頁-一一一頁:第一九号(一九九六年)、一五九頁-七〇頁:第二〇号(一九九七年)、一三四頁-四五頁。

太田米男「復元:幻の『一殺多生剣』発見!」『第八回京都映画祭公式カタログ』(京都映画祭実行委員会事務局、二〇一二年)、三四頁。

大塚恭一「村田實の更生」『映画評論』一九二九年四月号、四二五頁-二六頁。

尾崎秀樹編「子母澤寛年譜」、子母澤寛『子母澤寛全集』第二五巻(講談社、一九七三年)、五〇九頁-一四頁。

加藤泰著、安井喜雄/山根貞男編『加藤泰、映画を語る』(筑摩書房、一九九四年)。

加藤幹郎『映画館と観客の文化史』(中央公論新社、二〇〇六年)。

加藤幹郎『映画とは何か』(みすず書房、二〇〇一年)。

加藤幹郎『映画のメロドラマ的想像力』(フィルムアート社、一九八八年)。

加藤幹郎『映画の領分　映像と音響のポイエーシス』(フィルムアート社、二〇〇二年)。

加藤幹郎『映画の論理　新しい映画史のために』(みすず書房、二〇〇五年)。

加藤幹郎『日本映画論一九三三-二〇〇七　テクストとコンテクスト』(岩波書店、二〇一一年)。

加藤幹郎『『ブレードランナー』論序説　映画学特別講義』(筑摩書房、二〇〇四年)。

加藤幹郎『夢の分け前　映画とマルチメディア』(ジャストシステム、一九九五年)。

金子市郎「月形半平太について」、新橋演舞場一九七三年二月公演筋書、二〇頁-二一頁。

紙屋牧子「『明朗』時代劇の政治学　『鴛鴦歌合戦』を中心に」『演劇映像学二〇一一』第一集（二〇一二年）、一一九頁‐四六頁。

神山彰「大川橋蔵という『正統』　衣裳と化粧のドラマトゥルギー」、岩本憲児編『時代劇伝説　チャンバラ映画の輝き』（森話社、二〇〇五年）、二四五頁‐六八頁。

川本三郎「半歩遅れの読書術」『日本経済新聞』二〇〇三年五月一八日朝刊、二一面。

如月敏『灰燼』脚本、『映画知識』一九二九年五月号、七二頁‐九五頁。

如月敏『沓掛時次郎』脚本、『映画往来』一九二九年六月号、五九頁‐七四頁；七月号、七七頁‐九〇頁。

如月敏「最近のこと」『映画知識』一九二九年八月号、三三頁。

如月敏「時代劇の脚本」『映画知識』一九二九年七月号、三〇頁‐三一頁。

岸松雄『風雲・後篇』時評、『キネマ旬報』一九三四年五月一日号、一二八頁。

北川冬彦『尊王攘夷』時評、『キネマ旬報』一九二七年一〇月二一日号、六九頁。

北川冬彦『風雲・前篇』時評、『キネマ旬報』一九三四年一月二一日号、一〇二頁。

金普慶「占領下の日本映画における女優須磨子　戦後民主主義と『国民』としての女性」『文学研究論集』第三〇号（二〇一二年）、一一五頁‐三三頁。

清河広「小石栄一」『映画評論』一九三一年二月号、二七頁‐二八頁。

黒沢清「こんな時代劇を撮ってみたい！」『東京人』一九九四年一月号、六二頁。

紅野謙介「司馬遼太郎と映画　一九六〇年代におけるプログラムピクチャーの変容」、関礼子／原仁司編『表象の現代　文学・思想・映像の二〇世紀』（翰林書房、二〇〇八年）、二六九頁‐九九頁。

斉藤綾子「高倉健の曖昧な肉体」、四方田犬彦／斉藤綾子編『男たちの絆、アジア映画　ホモソーシャルな欲望』（平凡社、二〇〇四年）、六三頁‐一一〇頁。

笹川慶子「小唄映画に関する基礎調査　明治末期から昭和初期を中心に」『演劇研究センター紀要』第一号（二〇〇三年）、

一七五頁‐九六頁。

佐々部清、聞き取り、『キネマ旬報』二〇〇六年九月一五日号、五四頁‐五六頁。

佐藤忠男「『たそがれ清兵衛』のこと」『シナリオ』二〇〇三年一月号、一八頁‐一九頁。

佐藤忠男『日本映画史』第一巻（岩波書店、一九九五年）。

佐藤忠男『日本映画史』第四巻（岩波書店、一九九五年）。

佐藤忠男『長谷川伸論　義理人情とは何か』（岩波書店、二〇〇四年）。

さとみ倶楽部編『丘さとみ　東映城のお姫様』（ワイズ出版、一九九八年）。

篠田正浩、聞き取り、紀伊國屋書店 Forest Plus 公式ＨＰ〈http://forest.kinokuniya.co.jp/interview/099/〉、二〇一二年一一月一一日閲覧。

篠田正浩『日本語の語法で撮りたい』（日本放送出版協会、一九九五年）。

志波西果「江藤新平製作に當つて自縄自縛之辨」『キネマ旬報』一九二八年六月二一日号、四〇頁＋四五頁。

司馬遼太郎『奇妙なり八郎』『司馬遼太郎短篇全集』第七巻（文藝春秋、二〇〇五年）、七頁‐五〇頁。

柴田錬三郎『清河八郎』（光風社、一九六三年）。

清水俊二「村田實氏」『映画評論』一九二九年六月号、五五二頁。

志村三代子／弓桁あや編『映画俳優・池部良』（ワイズ出版、二〇〇七年）。

子母澤寛『新撰組始末記』『子母澤寛全集』第一巻（講談社、一九七三年）、九頁‐三四三頁。

子母澤寛／司馬遼太郎『対談　幕末よもやま』、子母澤寛『子母澤寛全集』第二五巻（講談社、一九七三年）、四九三頁‐五〇三頁。

俊藤浩滋／山根貞男『任侠映画伝』（講談社、一九九九年）。

杉野健太郎編『映画とネイション』（ミネルヴァ書房、二〇一〇年）。

杉本彰「『灰燼』とその組立」『映画時代』一九二九年五月号、二〇頁‐二二頁。

鈴木重三郎『維新暗流史』時評、『キネマ旬報』一九三〇年四月一日号、一六〇頁。

鈴木重三郎『沓掛時次郎』時評、『キネマ旬報』一九二九年七月一一日号、九三頁。

高瀬昌弘『我が心の稲垣浩』(ワイズ出版、二〇〇〇年)。

高原富士郎「現代映画の領域」『映画評論』一九二九年六月号、五三八頁‐三九頁。

瀧口潤『灰燼』時評、『キネマ旬報』一九二九年四月一日号、一六四頁。

武田忠哉『灰燼』時評、『キネマ旬報』一九二九年四月一一日号、五七頁‐五八頁。

竹中労『聞書アラカン一代』(白川書院、一九七六年)。

田島良一「旧劇映画」、岩本憲児/高村倉太郎監修『世界映画大事典』(日本図書センター、二〇〇八年)、二七一頁。

田島良一「新派映画」、岩本憲児/高村倉太郎監修『世界映画大事典』(日本図書センター、二〇〇八年)、四二八頁。

田中純一郎『日本映画発達史』第Ⅱ巻(中央公論社、一九七六年)。

田中眞澄『上陸第一歩』解説、『キネマの世紀』(松竹、一九九五年)、四七頁。

千葉伸夫『評伝山中貞雄　若き映画監督の肖像』(平凡社、一九九九年)。

塚田幸光『シネマとジェンダー　アメリカ映画の性と戦争』(臨川書店、二〇一〇年)。

筒井清忠『時代劇映画の思想　ノスタルジーの行方』(ウェッジ、二〇〇八年)。

東京国立近代美術館フィルムセンター編『東京国立近代美術館フィルムセンター所蔵目録　日本劇映画』(東京国立近代美術館、二〇〇一年)。

徳冨蘆花『小説・不如帰』(岩波書店、一九三八年)。

友田純一郎『海援隊長坂本龍馬』時評、『キネマ旬報』一九三一年二月一一日号、一三五頁。

永田哲朗『殺陣』(三一書房、一九七四年)。

中村隆英『昭和史Ⅰ　一九二六‐一九四五』(東洋経済新報社、一九九三年)。

中村秀之「ハリウッド映画へのニュースの侵入　『スミス都へ行く』と『市民ケーン』におけるメディアとメロドラマ」、長谷正人／中村秀之編『映画の政治学』（青弓社、二〇〇三年）、一二一頁‐七〇頁。

成田龍一『〈歴史〉はいかに語られるか　一九三〇年代「国民の物語」批判』（日本放送出版協会、二〇〇一年）。

日本戦没学生記念会編『新版きけわだつみのこえ　日本戦没学生の手記』（岩波書店、一九九五年）。

筈見恒夫「歴史映画のありかた」『映画評論』一九四二年一月号、六四頁‐六六頁。

長谷正人「長谷川伸と股旅映画　映画を見ることと暮らしの倫理性」、十重田裕一編『横断する映画と文学』（森話社、二〇一一年）、二四五頁‐七〇頁。

長谷川伸『刺青奇偶』『長谷川伸全集』第一六巻（朝日新聞社、一九七二年）、一〇〇頁‐一二三頁。

長谷川伸『沓掛時次郎』『長谷川伸全集』第一五巻（朝日新聞社、一九七二年）、一三九頁‐六二頁。

長谷川伸『小枕の伝八』『長谷川伸全集』第三巻（朝日新聞社、一九七一年）、七四頁‐九五頁。

長谷川伸『材料ぶくろ』『長谷川伸全集』第一一巻（朝日新聞社、一九七二年）、二八九頁‐四五二頁。

長谷川伸『相楽総三とその同志』『長谷川伸全集』第七巻（朝日新聞社、一九七一年）、五頁‐三一八頁。

長谷川伸『関の弥太ッぺ』『長谷川伸全集』第一五巻（朝日新聞社、一九七一年）、二一八頁‐五三頁。

長谷川伸『母親人形』『長谷川伸全集』第一五巻（朝日新聞社、一九七一年）、四九九頁‐五二八頁。

長谷川伸『瞼の母』『長谷川伸全集』第一五巻（朝日新聞社、一九七一年）、七頁‐三五頁。

長谷川伸『雪の渡り鳥』『長谷川伸全集』第一六巻（朝日新聞社、一九七二年）、三四頁‐五九頁。

林京平「散切物」『新版歌舞伎事典』（平凡社、二〇一一年）、二一一頁‐一一二頁。

阪東妻三郎「漠然たる不安」『映画時代』一九二九年一月号、八頁‐九頁。

兵藤裕己『演じられた近代　〈国民〉の身体とパフォーマンス』（岩波書店、二〇〇五年）。

兵藤裕己『〈声〉の国民国家・日本』（日本放送出版協会、二〇〇〇年）。

平岡正明『長谷川伸はこう読め！メリケン波止場の沓掛時次郎』（彩流社、二〇一一年）。

袋一平『敵討道中双六』時評、『映画時代』一九二九年五月号、七五頁‐七六頁。

双葉十三郎『江戸最後の日』時評、『映画評論』一九四二年一月号、七〇頁‐七二頁。

ベンヤミン、ヴァルター「複製技術時代の芸術作品」久保哲司訳、浅井健二郎編『ベンヤミン・コレクションI　近代の意味』（筑摩書房、一九九五年）、五八三頁‐六四〇頁。

細川周平「小唄映画の文化史」『シネマどんどん』第一号（二〇〇二年）、一二頁‐一五頁。

マーサー、ジョン／マーティン・シングラー『メロドラマ映画を学ぶ　ジャンル・スタイル・感性』中村秀之／河野真理江訳（フィルムアート社、二〇一三年）。

前田愛『近代日本の文学空間　歴史・ことば・状況』（平凡社、二〇〇四年）。

マキノ雅弘『映画渡世・天の巻』（平凡社、一九七七年）。

マキノ雅弘『映画渡世・地の巻』（平凡社、一九七七年）。

松井俊諭「本水」『新版歌舞伎事典』（平凡社、二〇一一年）、三七五頁。

松本品子／三谷薫編『伊藤彦造　降臨！神業絵師』（河出書房新社、二〇一三年）。

水町青磁『江戸最後の日』時評、『映画旬報』一九四二年一月一日号、五八頁‐五九頁。

水町青磁『敵討道中双六』時評、『キネマ旬報』一九二九年三月二一日号、八八頁。

水町青磁『彰義隊鮮血悲史』時評、『キネマ旬報』一九三〇年一二月一日号、九二頁。

水町青磁『神州』時評、『キネマ旬報』一九二九年一月一日号、二五八頁。

御園京平『活辯時代』（岩波書店、一九九〇年）。

御園生涼子『映画と国民国家　一九三〇年代松竹メロドラマ』（東京大学出版会、二〇一二年）。

村上徳三郎「文芸映画一説」『映画時代』一九二九年九月号、六頁‐八頁。

森鴎外『堺事件』『鴎外歴史文学集』第二巻（岩波書店、二〇〇〇年）、二六五頁 - 三〇八頁。

森本薫『花ちりぬ』脚本、『森本薫全集』第三巻（世界文学社、一九五三年）、一二一頁 - 七一頁。

山折哲雄『義理と人情　長谷川伸と日本人の心』（新潮社、二〇一一年）。

山田洋次「映画大学講義より　山田洋次監督、自作を語る」『シネ・フロント』二〇〇二年一〇・一一月号、一五頁 - 二一頁。

山田洋次、聞き取り、『隠し剣鬼の爪』公式冊子（松竹、二〇〇四年）、一二頁 - 一三頁。

山根貞男『映像の沖田総司』（新人物往来社、一九七五年）。

山根貞男『マキノ雅弘　映画という祭り』（新潮社、二〇〇八年）。

山本直樹「風景の（再）発見　伊丹万作と『新しき土』」、岩本憲児編『日本映画とナショナリズム』（森話社、二〇〇四年）、六三頁 - 一〇二頁。

山本緑葉『開化異相』時評、『キネマ旬報』一九二八年一二月一日号、九四頁。

山本緑葉『尊王』時評、『キネマ旬報』一九二六年二月二一日号、六九頁。

山本緑葉『乳姉妹』時評、『キネマ旬報』一九二九年六月一一日号、八二頁。

行友李風『維新情史・月形半平太』、北條秀司編『行友李風戯曲集』（演劇出版社、一九八七年）、一六七頁 - 二三八頁。

行友李風『新撰組』、北條秀司編『行友李風戯曲集』（演劇出版社、一九八七年）、二三九頁 - 九〇頁。

吉田絃二郎『足軽三左衛門の死』『吉田絃二郎全集』第一〇巻（新潮社、一九三二年）、一二二頁 - 六六頁。

吉村英夫「『たそがれ清兵衛』試論　あるいは山田洋次の『冒険』」『たそがれ清兵衛』公式冊子（松竹、二〇〇二年）、三二頁 - 三五頁。

依田義賢「監督村田實」、今村昌平ほか編『講座日本映画史』第二巻（岩波書店、一九八六年）、一二二頁 - 二七頁。

四方田犬彦『映画史への招待』（岩波書店、一九九八年）。

四方田犬彦「解題　メロドラマの研究史とブルックス」、ピーター・ブルックス『メロドラマ的想像力』（四方田犬彦／木村慧子訳、産業図書、二〇〇二年）、三一一頁 - 三四頁。

四方田犬彦『『七人の侍』と現代　黒澤明再考』（岩波書店、二〇一〇年）。

四方田犬彦『テロルと映画』（中央公論新社、二〇一五年）。

四方田犬彦「トニーとジョー」、四方田犬彦／斉藤綾子編『男たちの絆、アジア映画　ホモソーシャルな欲望』（平凡社、二〇〇四年）、一九頁‐六二頁。

四方田犬彦『日本映画と戦後の神話』（岩波書店、二〇〇七年）。

四方田犬彦『李香蘭と原節子』（岩波書店、二〇一一年）。

劉文兵『映画の中の上海　表象としての都市・女性・プロパガンダ』（慶応義塾大学出版会、二〇〇四年）。

鷲谷花「撮影所時代の『女性アクション映画』」、四方田犬彦／鷲谷花編『戦う女たち　日本映画の女性アクション』（作品社、二〇〇九年）、二〇頁‐五五頁。

ＡＢＣ「龍馬觀賞記」『阪妻畫報』一九二八年七月号、四九頁。

ＸＹＺ「映画界縦横雑記」『映画知識』一九二九年九月号、六八頁‐六九頁。

『足軽三左衛門』広告、『映画評論』一九二九年六月号、無頁。

「池田屋事件」『広辞苑』第五版（岩波書店、一九九八年）。

『維新暗流史』紹介、『キネマ旬報』一九三〇年二月二一日号、八五頁。

『一殺多生剣』覚書、第八回京都映画祭、二〇一二年一〇月六日／七日。

『稲垣浩文庫目録』（早稲田大学演劇博物館、一九九三年）。

『いれずみ半太郎』紹介、『キネマ旬報』一九六三年三月上旬号、八六頁。

『いれずみ半太郎』台本、神戸映画資料館。

「上野戦争」『広辞苑』第五版（岩波書店、一九九八年）。

「江戸城明渡し」『広辞苑』第五版（岩波書店、一九九八年）。

『江戸最後の日』撮影覚書、早稲田大学演劇博物館。

『江戸最後の日』準備台本、早稲田大学演劇博物館。

『海援隊長坂本龍馬』紹介、『キネマ旬報』一九三一年一月一一日号、七七頁。

『海援隊長坂本龍馬・京洛篇』紹介、『キネマ旬報』一九三一年二月二一日号、九九頁‐一〇〇頁。

『開化異相』写真、『キネマ旬報』一九二八年一〇月一一日号、五九頁。

『灰燼』広告、『キネマ旬報』一九二九年三月一日号、一〇一頁。

「解説」『たそがれ清兵衛』公式冊子（松竹、二〇〇二年）、六頁‐七頁。

『敵討道中双六』広告、『国際映画新聞』一九二九年一月号、無頁。

「門付け」『広辞苑』第五版（岩波書店、一九九八年）。

「監督からの言葉」『母べえ』公式冊子（松竹、二〇〇八年）、五頁。

「監督からの言葉」『武士の一分』公式冊子（松竹、二〇〇六年）、二頁‐三頁。

『君戀し』歌詞、『映画時代』一九二九年一二月号、一三二頁‐一三三頁。

「虚無」『言泉』（小学館、一九八六年）。

『義理と人情　長谷川伸と日本人の心』紹介、山折哲雄、新潮社公式ＨＰ〈http://www.shinchosha.co.jp/book/603689/〉、
　二〇一二年一一月一一日閲覧。

『沓掛小唄』歌詞、『映画時代』一九二九年一二月号、一三五頁。

『沓掛時次郎』広告、『讀賣新聞』一九二九年六月一四日朝刊、七面；一九二九年八月九日朝刊、七面。

『坂本龍馬』広告、『キネマ旬報』一九二八年五月一日号、無頁；一九二八年五月一一日号、五五頁；一九二八年五月二一日号、
　五八頁‐五九頁。

「散切」『広辞苑』第五版（岩波書店、一九九八年）。

「時代劇アンケート」『第七回京都映画祭公式カタログ』（京都映画祭実行委員会事務局、二〇一〇年）、三〇頁‐三三頁。

「時代劇はよくなる　時代劇巨匠座談会」『キネマ旬報』一九四〇年七月一日号、七九頁‐八三頁。

「時代劇、復活」『キネマ旬報』一九九九年一一月上旬号、四六頁‐五五頁。

「七卿落」『広辞苑』第五版（岩波書店、一九九八年）。

『彰義隊鮮血悲史』紹介、『キネマ旬報』一九三〇年一一月二一日号、六四頁。

『神州』紹介、『キネマ旬報』一九二八年一二月一一日号、八七頁‐八八頁。

『新撰組』撮影台本、早稲田大学演劇博物館。

『尊王攘夷』予測、『国際映画新聞』一九二七年九月五日号、一〇一頁。

「第五九回帝国議会衆議院議事速記録」第四号、一九三一年一月二四日、四九頁。

「第三者」『広辞苑』第五版（岩波書店、一九九八年）。

『月形半平太』台本、早稲田大学演劇博物館。

「馴染」『広辞苑』第五版（岩波書店、一九九八年）。

「日本映画の将来を語る　映画作家八人を擁して」『キネマ旬報』一九三五年九月一日号、一六七頁‐七六頁。

「日本各社撮影所通信」『キネマ旬報』一九二八年六月一一日号、七六頁‐七七頁；一九二九年三月一一日号、一〇五頁‐〇六頁；一九二九年五月一一日号、九四頁‐九五頁；一九二九年六月一日号、一一一頁‐一二頁；一九二九年六月一一日号、八五頁‐八六頁。

『二本松少年隊』撮影台本、早稲田大学演劇博物館。

『長谷川伸論　義理人情とは何か』紹介、佐藤忠男、岩波書店公式ＨＰ〈http://www.iwanami.co.jp/search/index.html〉、二〇一二年一一月一一日閲覧。

『風雲』撮影台本、早稲田大学演劇博物館。

『風雲』撮影日誌、早稲田大学演劇博物館。

『マカオの男』初稿台本、早稲田大学演劇博物館。

『妙国寺事件』紹介、『キネマ旬報』一九二八年一二月一一日号、八六頁。

「歴史映画の方向　『江戸最後の日』を中心に」『映画旬報』一九四一年一二月一一日号、一二〇頁 - 一二四頁。

Berry, Chris and Mary Farquhar. *China on Screen: Cinema and Nation* (New York: Columbia UP, 2006).

Bordwell, David. *Poetics of Cinema* (Routledge, 2008).

Bordwell, David, Janet Staiger, and Kristin Thompson. *The Classical Hollywood Cinema: Film Style & Mode of Production to 1960* (London: Routledge, 1985).

Bratton, Jacky, Jim Cook, and Christine Gledhill, eds. *Melodrama: Stage, Picture, Screen* (London: British Film Institute, 1994).

Brooks, Peter. *The Melodramatic Imagination: Balzac, Henry James, Melodrama, and the Mode of Excess* (New Haven: Yale UP, 1995).

Dissanayake, Wimal, ed. *Melodrama and Asian Cinema* (Cambridge: Cambridge UP, 1993).

Dower, John W. *Embracing Defeat: Japan in the Wake of World War II* (New York: W. W. Norton, 1999).

Elsaesser, Thomas. "Tales of Sound and Fury: Observations on the Family Melodrama." *Imitations of Life: A Reader on Film & Television Melodrama*. Ed. Marcia Landy (Detroit: Wayne State UP, 1991) 68-92.

Gaines, Jane, ed. *Classical Hollywood Narrative: The Paradigm Wars* (Durham: Duke UP, 1992).

Gledhill, Christine, ed. *Home Is Where the Heart Is: Studies in Melodrama and the Woman's Film* (London: British Film Institute, 1987).

Hays, Michael and Anastasia Nikolopoulou. "Introduction." *Melodrama: The Cultural Emergence of a Genre*. Ed. Michael Hays and Anastasia Nikolopoulou (New York: St. Martin's Press, 1996) vii-xv.

Hays, Michael and Anastasia Nikolopoulou, eds. *Melodrama: The Cultural Emergence of a Genre* (New York: St. Martin's Press, 1996).

Ito, Ken K. *An Age of Melodrama: Family, Gender, and Social Hierarchy in the Turn-of-the-Century Japanese Novel* (Stanford: Stanford UP, 2008).

Klinger, Barbara. *Melodrama and Meaning: History, Culture, and the Films of Douglas Sirk* (Bloomington: Indiana UP, 1994).

Landy, Marcia, ed. *Imitations of Life: A Reader on Film & Television Melodrama* (Detroit: Wayne State UP, 1991).

Mercer, John and Martin Shingler, eds. *Melodrama: Genre, Style, Sensibility* (London: Wallflower Press, 2004).

Orwell, George. *Nineteen Eighty-Four: The Annotated Edition* (London: Penguin, 2013).

Rothman, William. "*The Goddess*: Reflections on Melodrama East and West." *Melodrama and Asian Cinema.* Ed. Wimal Dissanayake (Cambridge: Cambridge UP, 1993) 59-72.

Sabatini, Rafael. *Scaramouche* (Tebbo, 2012).

Singer, Ben. *Melodrama and Modernity: Early Sensational Cinema and Its Contexts* (New York: Columbia UP, 2001).

Turim, Maureen. "Psyches, Ideologies, and Melodrama: The United States and Japan." *Melodrama and Asian Cinema.* Ed. Wimal Dissanayake (Cambridge: Cambridge UP, 1993) 155-78.

Vaughan, Dai. *For Documentary: Twelve Essays* (Berkeley: U of California P, 1999).

Vicinus, Martha. "'Helpless and Unfriended': Nineteenth-Century Domestic Melodrama." *New Literary History* 13.1 (1981): 127-43.

Wang, Yuejin. "Melodrama as Historical Understanding: The Making and Unmaking of Communist History." *Melodrama and Asian Cinema.* Ed. Wimal Dissanayake (Cambridge: Cambridge UP, 1993) 73-100.

Williams, Linda. *Playing the Race Card: Melodramas of Black and White from Uncle Tom to O. J. Simpson* (Princeton: Princeton UP, 2001).

"Kuleshov effect, Kuleshov experiment." *The Film Studies Dictionary.* Ed. Steve Blandford, Barry Keith Grant, and Jim Hillier (London: Arnold, 2001) 136.

"Subjective camera." *The Film Studies Dictionary*. Ed. Steve Blandford, Barry Keith Grant, and Jim Hillier (London: Arnold, 2001) 232.

『赤毛』、岡本喜八監督／脚本、廣澤栄脚本、三船敏郎主演、三船プロ製作、一九六九年。ＤＶＤ（東宝）。

『赤西蠣太』、伊丹万作監督／脚本、志賀直哉原作、片岡千恵蔵主演、千恵プロ製作、一九三六年。ＶＨＳ（日活）。

『篤姫』、宮尾登美子原作、田渕久美子脚本、宮崎あおい主演、日本放送協会製作、二〇〇八年。

『阿片戦争』、マキノ正博監督、小国英雄脚本、市川猿之助主演、東宝製作、一九四二年。ＶＨＳ（東宝）。

『暗殺』、篠田正浩監督、司馬遼太郎原作、山田信夫脚本、丹波哲郎主演、松竹製作、一九六四年。ＤＶＤ（松竹）。

『遺恨あり　明治一三年最後の仇討』、源孝志監督／脚本、吉村昭原作、後藤法子脚本、藤原竜也主演、テレビ朝日／ホリプロ製作、二〇一一年二月二六日。

『維新の曲』、牛原虚彦監督、八尋不二脚本、阪東妻三郎主演、大映製作、一九四二年。ＶＨＳ（大映）。

『一殺多生剣』、伊藤大輔監督／脚本、市川右太衛門主演、右太プロ製作、一九二九年。上映（第八回京都映画祭、二〇一二年一〇月六日／七日）。

『いれずみ半太郎』、マキノ雅弘監督、長谷川伸原作、野上龍雄脚本、大川橋蔵主演、東映製作、一九六三年。ＶＨＳ（東映）。

『江戸最後の日』、稲垣浩監督、吉田絃二郎原作、和田勝一脚本、阪東妻三郎主演、日活製作、一九四一年。ＶＨＳ（日活）。

『エノケンのちゃっきり金太』、山本嘉次郎監督／脚本、榎本健一主演、ＰＣＬ製作、一九三七年。ＶＨＳ（東宝）。

『御誂治郎吉格子』、伊藤大輔監督／脚本、吉川英治原作、大河内傳次郎主演、日活製作、一九三一年。ＤＶＤ（DIGITAL MEME）。

『狼よ落日を斬れ』、三隅研次監督、池波正太郎原作、国弘威雄脚本、高橋英樹主演、松竹製作、一九七四年。ＤＶＤ（松竹）。

『婦系図』、マキノ正博監督、泉鏡花原作、小国英雄脚本、長谷川一夫主演、東宝製作、一九四二年。ＶＨＳ（東宝）。

『合葬』、小林達夫監督、杉浦日向子原作、渡辺あや脚本、柳楽優弥主演、松竹製作、二〇一五年。

『母べえ』、山田洋次監督／脚本、野上照代原作、平松恵美子脚本、吉永小百合主演、『母べえ』製作委員会製作、二〇〇八年。ＤＶＤ（松竹）。

『海援隊快挙』、志波西果監督／脚本、月形龍之介主演、朝日映画聯盟製作、一九三三年。上映（ＮＦＣ、二〇〇三年五月二七日）。

『隠し剣鬼の爪』、山田洋次監督／脚本、藤沢周平原作、朝間義隆脚本、永瀬正敏主演、『隠し剣鬼の爪』製作委員会製作、二〇〇四年。ＤＶＤ（松竹）。

『沓掛時次郎』、辻吉朗監督、長谷川伸原作、如月敏脚本、大河内傳次郎主演、日活製作、一九二九年。ＶＨＳ（マツダ映画社）。

『鞍馬天狗』、山口哲平監督、大佛次郎原作、木村富士夫脚本、嵐寛寿郎主演、嵐寛プロ製作、一九二八年。ＤＶＤ（DIGITAL MEME）。

『鞍馬天狗・大江戸異変』、並木鏡太郎監督、友田昌二郎／鏡二郎脚本、嵐寛寿郎主演、綜芸プロ製作、一九五〇年。ＶＨＳ（日本映像）。

『鞍馬天狗・角兵衛獅子』、大曾根辰夫監督、大佛次郎原作、八尋不二脚本、嵐寛寿郎主演、松竹製作、一九五一年。ＤＶＤ（松竹）。

『鞍馬天狗・恐怖時代』、山口哲平監督、大佛次郎原作、木村富士夫脚本、嵐寛寿郎主演、嵐寛プロ製作、一九二八年。ＤＶＤ（DIGITAL MEME）。

『剣風練兵館』、牛原虚彦監督、菊池寛／本山荻舟原作、波多謙治／毛利喜久男脚本、阪東妻三郎主演、大映製作、一九四四年。ＤＶＤ（角川）。

『御法度』、大島渚監督／脚本、司馬遼太郎原作、松田龍平主演、松竹ほか製作、一九九九年。ＤＶＤ（松竹）。

『坂の上の雲』、司馬遼太郎原作、野沢尚ほか脚本、本木雅弘主演、日本放送協会製作、二〇〇九年‐一一年。

『坂本龍馬』、枝正義郎監督、冬島泰三脚本、阪東妻三郎主演、阪妻プロ製作、一九二八年。神戸映画資料館。

『桜田門外ノ変』、佐藤純彌監督／脚本、江良至脚本、大沢たかお主演、『桜田門外ノ変』製作委員会製作、二〇一〇年。

『柘榴坂の仇討』、若松節朗監督、浅田次郎原作、高松宏伸ほか脚本、中井貴一主演、『柘榴坂の仇討』製作委員会製作、二〇一四年。

『薩摩飛脚』、内出好吉監督、大佛次郎原作、柳川真一脚本、嵐寛寿郎主演、松竹製作、一九五一年。ＶＨＳ（松竹）。

『侍』、岡本喜八監督、橋本忍脚本、郡司次郎正原作、三船敏郎主演、東宝／三船プロ製作、一九六五年。DVD（東宝）。

『昭和残侠伝・唐獅子仁義』、マキノ雅弘監督、山本英明／松本功脚本、高倉健主演、東映製作、一九六九年。DVD（東映）。

『新幹線大爆破』、佐藤純彌監督／脚本、加東阿礼原作、小野竜之助脚本、高倉健主演、東映製作、一九七五年。DVD（東映）。

『新撰組』、市川崑監督／脚本、黒鉄ヒロシ原作、佐々木守脚本、中村敦夫主演、フジテレビ製作、二〇〇〇年。

『新撰組』、木村荘十二監督、村山知義脚本、河原崎長十郎主演、PCL／前進座製作、一九三七年。VHS（東宝）。

『続清水港』、マキノ正博監督、小国英雄脚本、片岡千恵蔵主演、日活製作、一九四〇年。上映（第六回京都映画祭、二〇〇八年一〇月九日）。

『尊王攘夷』、池田富保監督／脚本、大河内傳次郎主演、日活製作、一九二七年。DVD（Disk Plan）。

『たそがれ清兵衛』、山田洋次監督／脚本、藤沢周平原作、朝間義隆脚本、真田広之主演、松竹ほか製作、二〇〇二年。DVD（松竹）。

『たそがれ清兵衛　リアリティの追求』、山田洋次出演。DVD（松竹）。

『血煙高田の馬場』、稲垣浩／マキノ正博監督、牧陶三脚本、阪東妻三郎主演、日活製作、一九三七年。上映（第六回京都映画祭、二〇〇八年一〇月九日）。

『忠臣蔵』、牧野省三監督、尾上松之助主演、横田商会製作、一九一〇年 - 一二年。DVD（NFC）。

『長州ファイヴ』、五十嵐匠監督／脚本、松田龍平主演、『長州ファイヴ』製作委員会製作、二〇〇六年。

『憑神』、降旗康男監督、浅田次郎原作、降旗康男／小久保利己／土屋保文脚本、妻夫木聡主演、『憑神』製作委員会製作、二〇〇七年。

『出口のない海』、佐々部清監督、横山秀夫原作、山田洋次／冨川元文脚本、市川海老蔵主演、『出口のない海』製作委員会製作、二〇〇六年。DVD（松竹）。

『天国と地獄』、黒澤明監督／脚本、エド・マクベイン原作、小国英雄ほか脚本、三船敏郎主演、黒澤プロ／東宝製作、一九六三年。DVD（東宝）。

『肉体の門』、小崎政房／マキノ正博監督、田村泰次郎原作、小澤不二夫脚本、轟夕起子主演、吉本映画／大泉スタジオ製作、

一九四八年。上映（第六回京都映画祭、二〇〇八年一〇月一二日／神戸映画資料館、二〇〇九年四月一八日）。

『紐育の波止場（*The Docks of New York*）』、ジョセフ・フォン・スタンバーグ監督、ジョン・モンク・サンダース原作、ジュールス・ファースマン脚本、ジョージ・バンクロフト主演、パラマウント製作、一九二八年。DVD（Criterion Collection）。

『幕末残酷物語』、加藤泰監督、国弘威雄脚本、大川橋蔵主演、東映製作、一九六四年。DVD（東映）。

『花ちりぬ』、石田民三監督、森本薫原作、花井蘭子主演、東宝製作、一九三八年。VHS（東宝）。

『花燃ゆ』、大島里美ほか脚本、井上真央主演、日本放送協会製作、二〇一五年。

『半次郎』、五十嵐匠監督、丸内敏治／西田直子脚本、榎木孝明主演、『半次郎』製作委員会製作、二〇一〇年。

『緋牡丹博徒・花札勝負』、加藤泰監督、鈴木則文／鳥居元宏脚本、藤純子主演、東映製作、一九六九年。DVD（東映）。

『武士の一分』、山田洋次監督／脚本、藤沢周平原作、平松恵美子／山本一郎脚本、木村拓哉主演、『武士の一分』製作委員会製作、二〇〇六年。DVD（松竹）。

『放浪三昧』、稲垣浩監督、伊丹万作脚本、片岡千恵蔵主演、千恵プロ製作、一九二八年。VHS（マツダ映画社）。

『無法松の一生』、稲垣浩監督、岩下俊作原作、伊丹万作脚本、阪東妻三郎主演、大映製作、一九四三年。DVD（角川）。

『壬生義士伝』、滝田洋二郎監督、浅田次郎原作、中島丈博脚本、中井貴一主演、松竹ほか製作、二〇〇三年。

『女神（神女）』、呉永剛監督／脚本、阮玲玉主演、聯華影業公司製作、一九三四年。DVD（Hong Kong UP）。

『八重の桜』、山本むつみほか脚本、綾瀬はるか主演、日本放送協会製作、二〇一三年。

『許されざる者』、李相日監督／脚本、映画『許されざる者』原作、渡辺謙主演、ワーナー・ブラザーズほか製作、二〇一三年。

『陽気な踊子（*The Matinee Idol*）』、フランク・R・キャプラ監督、ロバート・ロード／アーネスト・R・パガーノ原作、エルマー・ハリス／ピーター・ミルン脚本、ベッシー・ラヴ主演、コロンビア製作、一九二八年。DVD（Sony Pictures）。

『竜馬暗殺』、黒木和雄監督、清水邦夫／田辺泰志脚本、原田芳雄主演、映画同人社／ATG製作、一九七四年。DVD（Geneon）。

『るろうに剣心』、大友啓史監督／脚本、和月伸宏原作、藤井清美脚本、佐藤健主演、『るろうに剣心』製作委員会製作、二〇一二年。

『るろうに剣心・京都大火編』、大友啓史監督／脚本、和月伸宏原作、藤井清美脚本、佐藤健主演、『るろうに剣心・京都大火編／伝説の最期編』製作委員会製作、二〇一四年。

『るろうに剣心・伝説の最期編』、大友啓史監督／脚本、和月伸宏原作、藤井清美脚本、佐藤健主演、『るろうに剣心・京都大火編／伝説の最期編』製作委員会製作、二〇一四年。

『龍馬伝』、福田靖脚本、福山雅治主演、日本放送協会製作、二〇一〇年。

『我が映画人生』、マキノ雅裕出演、日本映画監督協会製作、一九八八年。DVD（日活）。

『わが生涯のかゞやける日』、吉村公三郎監督、新藤兼人脚本、山口淑子主演、松竹製作、一九四八年。VHS（松竹）。

後書

本書は二〇一三年、筆者が博士号の取得に際し、京都大学大学院人間・環境学研究科に提出した学位論文『日本映画の大衆的想像力　幕末映画と股旅映画の相関史』を骨子に、最新の研究成果を加筆した改訂版である。調査に際し、文部科学省「科学研究費助成（〇八J〇三五六九／二五七七〇〇六八）」、早稲田大学「特定課題研究助成」を、また出版に際し、京都大学「平成二七年度総長裁量経費人文・社会系若手研究者出版助成」を得た。

学位論文の主査である加藤幹郎教授（京都大学［現・名誉教授］）、副査である小倉紀蔵教授（京都大学）、松田英男教授（京都大学）、また出版助成への採択に際し、宮田哲男社長（雄山閣）をご紹介いただいた児玉竜一教授（早稲田大学）に深く御礼申し上げる。

各章の由来を記す。序章は早稲田大学映画学研究会『映画学』第二五号（二〇一二年）、第一章は加藤幹郎監修／杉野健太郎編『映画のなかの社会／社会のなかの映画』（ミネルヴァ書房、二〇一一年）、第二章は日本映画学会『映画研究』第六号（二〇一一年）、第三章は早稲田大学演劇博物館グローバルCOE『演劇映像学二〇一〇』第一集（二〇一一年）、第四章は電子映画学術誌『CineMagaziNet!』第一四号（二〇一〇年）、同章補論は『映画研究』第五号（二〇一〇年）、第五章は『映画研究』第一号（二〇〇六年）の議論の最新版である。各誌の編集委員の諸先生、また関連する研究報告にご高評を頂戴した諸先生に深く御礼申し上げる。なお、早稲田大学演劇博物館グローバルCOE『演劇映像学二〇一二』第五集（二〇一二年）の議論は、『映画研究』第六号の議論に新知見を加筆の上、英語化した改訂版であり、第二章の議論と部分的に重複する旨、お断り申し上げる。

大学院に在籍中、加藤幹郎教授より「学者の最大の財産は信用」とのご教示を受けた。三代目三遊亭金馬の一八番『堪忍袋』の一節「人間、信用は財産だよ」にも通じる言葉は筆者の指針である。実際、京都造形芸術大学芸術学部映画学科の非常勤講師に招聘された折には、同学科に研鑽を重ねる《未来》の女優たちと長谷川伸『瞼の母』を上演する機会に恵まれた。早稲田大学演劇博物館の助手に採用された折には、『不滅の俳優　池部良の世界』『寄らば斬るぞ！新国劇と剣劇の世界』と二度の企画展を統括し、幕末映画の問題作『暗殺』の篠田正浩監督と対談する機会、新国劇の財産演目『国定忠治』『殺陣田村』を大隈記念講堂に上演する機会に恵まれた。神戸映画資料館の映像アーカイヴ事業を推進する神戸映画保存ネットワークの研究員に着任した折には、資料館が所蔵する貴重な映像の数々に遭遇すると同時に、母校の後輩に映画学を講じる機会、また太田米男所長（京都映画芸術文化研究所）の代打に立ち、第一七回台北電影節に招待される機会に恵まれた。全ての御縁に感謝しつつ、今一度「学者の最大の財産は信用」との箴言を肝に銘じたい。

今後ともご指導ご鞭撻のほど、よろしくお願い申し上げる。

著者

〈著者略歴〉
羽鳥 隆英（はとり・たかふさ）

1982年、千葉県生れ。国際基督教大学教養学部卒業。京都大学大学院人間・環境学研究科修士課程、博士後期課程修了。博士（人間・環境学）。京都大学非常勤講師。

平成28年2月20日 初版発行　《検印省略》

日本映画《にほんえいが》の大衆的想像力《たいしゅうてきそうぞうりょく》 《幕末《ばくまつ》》と《股旅《またたび》》の相関史《そうかんし》

著　者　羽鳥隆英

発行者　宮田哲男

発行所　株式会社　雄山閣

〒102-0071　東京都千代田区富士見2-6-9

TEL 03-3262-3231 FAX 03-3262-6938

振 替 00130-5-1685

http://www.yuzankaku.co.jp

印刷・製本　株式会社 ティーケー出版印刷

ISBN978-4-639-02410-1 C1074
N.D.C.778 200p 22cm